Max J. Friedländer

Albrecht Altdorfer - Der Maler von Regensburg

Max J. Friedländer

Albrecht Altdorfer - Der Maler von Regensburg

ISBN/EAN: 9783743379985

Hergestellt in Europa, USA, Kanada, Australien, Japan

Cover: Foto ©ninafisch / pixelio.de

Manufactured and distributed by brebook publishing software (www.brebook.com)

Max J. Friedländer

Albrecht Altdorfer - Der Maler von Regensburg

Albrecht Altdorfer

Der Maler von Regensburg

von

Max Friedländer

Mit drei Abbildungen

Leipzig

Verlag von E. A. Seemann

1891.

DEM ANDENKEN

ANTON SPRINGERS.

http://www.archive.org/details/albrechtaltdorfe00frie

VORWORT.

An Gründen, die Kunst Altdorfers im Zusammenhang darzustellen, fehlte es nicht, wenngleich diese Arbeit in trefflicher — freilich durch die Bestimmung für ein „Allgemeines Künstler-Lexikon" begrenzter — Weise gethan war. Durch Funde und Beobachtungen der jüngsten Zeit ist das Werk des Meisters hier glücklich vergrößert, dort — noch glücklicher — verkleinert worden. Dies konnte ermutigen zu dem Versuch, jetzt ein reineres vielleicht auch reicheres Bild von der Kunst des Regensburger Malers zu geben, zugleich die Entwicklung innerhalb seiner künstlerischen Thätigkeit anzudeuten. Letzteres war früher schon deshalb kaum möglich, weil die Datierung auf zwei Gemälden irrtümlich gelesen wurde.

Meine Arbeit ruht in fast allen Teilen auf dem Artikel „Altdorfer", den J. Meyers Allgemeines Künstler-Lexikon I, p. 536—553 im Jahre 1872 brachte. C. W. Neumann hat hier das „Leben" des Meisters erschöpfend dargestellt aus den Urkunden, die ihm leichter als irgend einem zugänglich waren (p. 536—540; citiert: „Neumann"), W. Schmidt die künstlerische Thätigkeit Altdorfers geschildert (p. 540—553; citiert: „Schmidt"). Von den später erschienenen zusammenfassenden Arbeiten über Altdorfer nenne ich hier als die wichtigsten:

A. Rosenberg, die Maler der deutschen Renaissance unter dem Einflusse Dürers, VIII. Aufsatz in Dohmes Kunst und Künstler I (1877), p. 35—44 (citiert: „Rosenberg").

H. Janitschek, die Geschichte der deutschen Malerei (1889), p. 411—420 (citiert: „Janitschek").

Nach dem Abschluss meiner Arbeit wurde mir die Meinung W. Schmidts bekannt: Altdorfer habe Anteil an dem Entwurf der „Ehrenpforte Maximilians". Die in der Chronik f. vervielf. Kst. 1891, p. 12 ausgesprochenen Beobachtungen überzeugen. Meine auf Seite 37, 38, 44 angedeutete Vorstellung von dem Verhältnis Altdorfers zu Dürer wird durch die glückliche Entdeckung nicht geändert.

Das äußere Leben Altdorfers zog ich nur so weit in Betracht, als die kunsthistorische Aufgabe im engern Sinn zu fordern schien.

In die Darstellung sind nur solche Arbeiten des Meisters aufgenommen, die entschieden von seiner Hand zu sein scheinen; alle zweifelhaften oder mit Unrecht ihm zugeteilten Gemälde nennt das zweite Verzeichnis im Anhang (citiert: „m. Verz. II"). Im ersten Verzeichnis des Anhangs sind der Uebersichtlichkeit wegen die für „echt" gehaltenen Gemälde zusammengestellt, hier findet man auch die Angaben der Maße, der Herkunft u. ä. Das dritte Verzeichnis stellt die mir bekannt gewordenen Handzeichnungen Altdorfers zusammen.

Mehreren Kunstforschern und Museumsvorständen bin ich, wie die Darstellung ergeben wird, für freundliche Mitteilungen zu Dank verpflichtet, ganz besonders dem Konservator A. Bayersdorfer für mannigfachen Rat und Nachweis.

INHALTSVERZEICHNIS.

	Seite
I. Altdorfers Kunst von 1506—1511	1
II. Altdorfers Kunst von 1511—1521	34
III. Altdorfers Kunst von 1521—1538	79
Anhang:	
I. Verzeichnis der dem Meister mit Recht zugeteilten Gemälde	121
II. Verzeichnis der dem Meister mit Unrecht zugeteilten Gemälde	131
III. Verzeichnis der Zeichnungen des Meisters	146

Abbildungen.

Tafel 1.	Allegorische Darstellung	Zu Seite	146
Tafel 2.	Anbetung der hl. drei Könige . .	,, ,,	146
Tafel 3.	Madonna mit Kind .	,, ,,	149

Die Holzschnitte und Kupferstiche Altdorfers führe ich, dem Gebrauche der meisten Sammlungen folgend, mit den Nummern des Verzeichnisses auf, das Bartsch (peintre graveur VIII, p. 41—, citiert „B.") gab. Nur diejenigen Blätter, die Bartsch nicht beschreibt, werden nach anderen Verzeichnissen citiert,

 nach Passavant („P."), peintre graveur III, p. 301,
 nach Schmidt („S.") in Meyers Künstlerlexikon,
 nach Ottley, Notices.

Maſsangaben sind in Centimetern gegeben; die Höhe ist der Breite vorangestellt.

I.

Die frühen Werke Altdorfers. Abkunft seiner Kunst.
1506—1511.

Im Jahre 1505 erwarb Albrecht Altdorfer das Bürgerrecht in Regensburg; die Urkunde, die das meldet, bezeichnet ihn als „Maler von Amberg".[1])

Ueber das Leben des Künstlers vor diesem Jahr sagen Urkunden nichts. Wann, wo wurde Albrecht Altdorfer geboren? Wo, unter welchen Bedingungen und Eindrücken vollzog sich seine erste künstlerische Entwicklung? Diese Fragen zu beantworten war die ergänzende Vermutung mit geringem Erfolge am Werke.

Nach Neumanns (p. 536) Angabe war zur Erwerbung des Bürgerrechtes in Regensburg das „mannbare" Alter von 25 Jahren unbedingt erforderlich. Die ersten bekannten, 1506 datierten Arbeiten Altdorfers zeigen so deutlich den Anfänger, dass wir uns erst an den Gedanken gewöhnen müssen, damals sei der Künstler schon mindestens 26 Jahre alt gewesen. Wir setzen also ohne Gefahr eines starken Fehlgriffs des Meisters Geburtsjahr an: 1480 oder doch nicht lange vorher.

Als Heimat unseres Künstlers giebt Sandrart[2]) (Teutsche Akademie p. 231, Nürnberg 1675) Altdorf in der Schweiz an. Wenn Sandrart ganz willkürlich von dem Namen auf den Geburtsort schloss — und das scheint der Fall zu sein — so ist es immerhin seltsam, dass er auf den Ort in der Schweiz gerade verfiel. Orte desselben Namens lagen dem Biographen näher, im heutigen Bayern, z. B. gleich in Nürnbergs Nähe die Stadt „Altdorf". Bei Heinecken (Dictionnaire des artistes dont nous avons des estampes, I. Bd., p. 172, Leipzig 1778) wird Sandrarts Behauptung widersprochen. Hier werden auf Grund von Ermittlungen des Regensburger Senators M. Wild einige urkundlich feststehende Daten aus dem Leben Altdorfers bekannt gemacht. Wild teilte mit, dass Mitglieder einer Familie „Altdorfer" schon im 15. Jahrhundert in Regensburg vorkommen, und stellte die Vermutung auf, Altdorfer sei in einem Ort Namens „Altdorf" in der Nähe von Landshut zur Welt gekommen. Diese Annahme, etwas weniger waghalsig als Sandrarts Behauptung, doch auf demselben ganz unzulässigen Schluss ruhend, fand weite Verbreitung.

Vollständige Verarbeitung des in Regensburg vorhandenen Urkundenmaterials brachte erst C. W. Neumanns Biographie. Neumann versuchte aus dem Wappen des Meisters die Familienzugehörigkeit festzustellen. Dabei ergaben sich Schwierigkeiten, weil zwei Wappen an verschiedenen Orten Altdorfer zugeteilt werden. Neumann entschied sich nicht bestimmt für eins von beiden. Das eine Wappen — dreifarbiger Schneckenschnitt im Schilde und im Fluge auf dem Helm — wollen die Geschichtsforscher Gandershofer und Schuegraf auf dem Grabstein des Malers gesehen haben. Leider ist der Teil des Grabsteins, der das Wappen trug, verloren gegangen. Dieses Wappen ist sicher dasjenige zugleich der Ratsfamilie Altdorfer, die durch das ganze 15. Jahrhundert besonders in Landshut hoch angesehen lebte. Das zweite Wappen — von Silber und Rot schräggevierteter Schild mit einem Ringe und einer Blume in der Mitte, die vier herzförmige Blätter hat — findet man mit der Beischrift „Altdorfer" in Siebmachers bekanntem Wappenbuch (V. Bd., No. 226), das 1605 erschien. In einer alten Handschrift soll nach Angabe des Kunsthändlers Börner eben dieses zweite Wappen bei dem Namen des Malers Albrecht Altdorfer gestanden haben. So weit das von Neumann vorgetragene Material (p. 536).

In der Münchener Staatsbibliothek ist eine schon 1560 von Hans Hylmair angefertigte Handschrift (cod. germ. 2015) mit Darstellungen der Wappen von Regensburger Bürgern. Hier findet man (p. 92) das erste oben beschriebene Wappen, das der Landshuter Patrizierfamilie, mit der Beischrift „Altdorffer 1533" und (p. 75) das zweite mit der Beischrift „Altdorfer 152." (letzte Zahl unleserlich). Demnach gehören beide Wappen Regensburger Bürgern des Namens Altdorfer an, die in der ersten Hälfte des 16. Jahrhunderts lebten. Wenn nun festgestellt ist, dass ein Glied der Landshuter Patrizierfamilie in dieser Zeit zu Regensburg lebte, und zwei Geschichtsforscher geben an, auf dem Grabstein des Malers das Wappen dieser Familie gesehen zu haben, so erscheint die Möglichkeit, dass sie sich geirrt haben, kaum noch vorhanden.

Das erste Wappen ist danach besser als das zweite für unsern Meister bezeugt, und es ist höchst wahrscheinlich, dass Altdorfer ein Glied der im Herzen Bayerns seit langer Zeit lebenden Patrizierfamilie war.

Ueber den Geburtsort des Malers, über den sich Neumann jeder Vermutung enthält, hat sich kürzlich eine kleine Polemik entsponnen. Im „Fränkischen Courier" (1888, No. 369) stellte ein Anonymus die Behauptung auf, Altdorfer sei in Altdorf bei Nürnberg zur Welt gekommen; er schloss wie Sandrart und Wild[3]) und fügte hinzu, um die Herkunft aus Franken wahrscheinlicher zu machen, bei Dürer, also in Nürnberg, habe der Künstler ja seine Lehrzeit verbracht. Letzteres steht nun gar nicht fest, bewiese auch nichts für den Geburtsort. Mit Recht fand ein anderer Anonymus in derselben Zeitung (1888, No. 382) die Gründe des Lokalpatrioten sehr schwach.

Ich meine, der Vater unseres Künstlers lebte in Regensburg, und hier wurde Albrecht Altdorfer geboren. Die Taufnamen der Geschwister des Meisters sind: Erhard, Aurelia, Magdalena (nach Neumann p. 538). Der Namensheilige des Bruders soll Bischof in Regensburg gewesen sein; sein Grab ist im Niedermünster zu Regensburg. Die selige Aurelia wird in Regensburg, wo sie starb, verehrt; ihr bekannter Grabstein ist in St. Emmeram. Albertus Magnus war Bischof von Regensburg, er wird aber auch an anderen Orten vielfach verehrt, mehr jedenfalls als die verhältnismäfsig unbekannten Erhard und Aurelia. Mir scheint, dass die Namen, die der Vater unseres Künstlers seinen Kindern gab, mit grofser Wahrscheinlichkeit bezeugen, in Regensburg seien die Kinder ihm geboren worden. Da beide Söhne Maler wurden, Erhard wie Albrecht, so ist bis zu einem gewissen Grade wahrscheinlich, dass der Vater selbst Maler war.

Die Reihe der Annahmen schliefst sich zum Ring durch die Urkunde, die von „Ulrich Altdorfer dem Maler" meldet, der 1478 in Regensburg das „Burgerrecht gesworen" hat, im Jahr 1499 aber die Erlaubnis erhielt, abzuziehen und auf sein Bürgerrecht zu verzichten. Die Behauptung, dieser Ulrich Altdorfer sei der Vater unseres Künstlers, ist eine gut gestützte Hypothese, die zu allen bekannten Umständen passt. Der Umstand, dass Albrecht, ehe er sich nach Regensburg wendet, in Amberg sesshaft ist; die Thatsache, dass später kein Glied der Familie aufser Albrecht in Regensburg lebt, dass eine Schwester unseres Künstlers in Pfreimdt, die andere in Nürnberg verheiratet ist, also in zwei Orten, die wie Amberg nördlich von Regensburg und östlich und westlich in der Nähe von Amberg liegen: alles macht der Annahme geneigt, dass der Vater unseres Künstlers in späteren Jahren Regensburg verlassen, anderswo, vielleicht eben in Amberg sich niedergelassen habe und mit jenem Ulrich Altdorfer identisch sei.

Als Lehrer unseres Künstlers kommt zuerst der Vater in Betracht. Dass er auf die frühe künstlerische Thätigkeit Albrechts einwirkte, wird vielleicht noch etwas wahrscheinlicher, als es an sich ist, durch die Beobachtung, dass das früheste Zeugnis von Erhard Altdorfers Thätigkeit den ersten bekannten Versuchen Albrechts ganz nahe verwandt ist. Ein mit Recht für Erhard in Anspruch genommener Kupferstich[4]) mit der Darstellung eines Wappens, bezeichnet „E A 1506", sehr befangen gearbeitet, schliefst sich stilistisch merkwürdig eng an Albrechts früheste ebenfalls aus dem Jahre 1506 datierte Stiche an.

Viel wäre noch nicht gewonnen, wenn wir wüssten, der Vater hätte auf die Kunst des Sohnes Albrecht bestimmend gewirkt, da uns die Vorstellung fehlt, wie Ulrich seine Kunst übte.[5])

Auf die Monumente allein sind wir somit angewiesen, wenn wir die Frage nach den Quellen und Zuflüssen der Kunst unseres Meisters beantworten wollen. Da die Urkunden gerade auf die wichtige Zeit der künstlerischen Ausbildung (1499—1505) kein Licht werfen, konnten Vermutungen kühn hervortreten.

Fast überall, wo Altdorfers Name genannt wird, folgt die Bemerkung: er stand unter dem Einfluss Dürers, eine Meinung, die häufig genug bestimmter formuliert wird: er war ein Schüler Dürers.

An und für sich steht dieser Vermutung nichts im Wege.[6] Sandrart weiß nichts von einer Beziehung Altdorfers zu Dürer; er freilich ist sehr schlecht über den Meister unterrichtet. Quadt von Kinckelbach (Teutscher Nation Herligkeit, Köln 1609 p. 425) nennt den Regensburger Meister ganz allgemein unter den Künstlern, die auf Dürer „folgten", nicht aber in der Zahl derjenigen, die er für Schüler Dürers hält.

Die Annahme einer Beziehung zwischen Altdorfer und Dürer, die aus der Betrachtung der Werke allein ihre Berechtigung herleiten kann, der keine ältere Tradition zur Seite steht, scheint zuweilen mit dem Nachdruck einer glaubwürdigen Ueberlieferung auf den stilistischen Beobachtungen gelastet zu haben. Man suchte in frühen Arbeiten Altdorfers nach den Spuren Dürers, man wartete nicht, bis sie sich von selbst zeigten. In der Kunstbetrachtung aber kann man so ziemlich alles finden, was man nur sorglich sucht. Sehr bezeichnend dafür ist Waagens (Kstwke. u. Kstler. i. Dtschld. II p. 216) Bemerkung vor einem Gemälde Altdorfers, das — wie Waagen glaubte — 1506 entstanden war, es sei „in seltenem Grade von dem Geiste Dürers durchdrungen". Hätte Waagen die Bemerkung auch gemacht, wenn er gewusst hätte, dass dieses Bild nicht 1506 sondern 1526 — wie jetzt feststeht — entstanden ist?

Als Zeugnis für eine enge Beziehung zwischen Altdorfer und Dürer wird öfters eine Zeichnung angeführt, die sich 1822 bei Frauenholz befunden haben soll. Dieses, jetzt verschollene Blatt[7] — „Kopf eines schläfrigen Alten, in ein Tuch gehüllt; sehr fleißig mit dem Rotstein gezeichnet" — trug angeblich die „altertümliche" Inschrift, die besagte, Dürer habe 1509 dem Albrecht Altdorfer das Blatt geschenkt. Thausing (Dürer 2 I p. 176) äußerte berechtigte Zweifel, ob es mit der Zeichnung und der Beischrift seine Richtigkeit habe und machte auf das bei Dürer sehr ungewöhnliche Material aufmerksam. Aber selbst wenn Dürer — was wir heute nicht mehr kontrollieren können — 1509, also zu einer Zeit, da Altdorfer schon seit mehreren Jahren in Regensburg ansässig war, unserm Meister eine Zeichnung schenkte, was beweist das für die aufgeworfene Frage? Kaum etwas.

In der neueren kunstgeschichtlichen Litteratur wird das Verhältnis der beiden Meister zu einander meist ebenso vorsichtig wie unbestimmt bezeichnet. W. Schmidt (a. 1872, p. 540) meint: „Dürers Kunst wirkte bestimmend auf Altdorfer ein". Rosenberg (a. 1877, p. 36): „was Altdorfer von Dürer nachweislich entlehnt hat, ist meist rein äußerlicher Natur". Wörmann (a. 1882, Gesch. d. Malerei II, p. 414): „er muss sich unter dem Einfluss Dürers entwickelt haben". Bei R. Vischer aber (Studien, 1886, p. 473) ist der Glaube an den Zusammenhang Altdorfers mit Dürer so stark ins Schwanken gekommen, dass andere Quellen der Kunst unseres Meisters gesucht werden. Und Janitschek (a. 1889, p. 411) sagt: „Dürer und Grünewald[8]) gaben Altdorfers künstlerischen Wegen Richtung", legt aber im Verlaufe seiner Darstellung mehr Gewicht auf das Vorbild Grünewalds, als auf das Dürers und spricht noch von „Allüren", die der Regensburger von Dürer annahm.

Die Verbindung unseres Malers mit Dürer tritt als etwas Uebernommenes auf, das nicht ganz befriedigt zuweilen, mit dem man sich abzufinden sucht, das nirgends fast durch neuere Forschungen bekräftigt wird und am allerwenigsten als Ergebnis, eher als Voraussetzung der Untersuchungen erscheint. Und wann tauchte die Verbindung zuerst auf? Zu einer Zeit wohl, da man Dürer allein und höchstens Dürer von allen deutschen Malern des 16. Jahrhunderts kannte. Vielleicht erkannte man zuweilen allgemeine Eigenschaften der deutschen Malerei des 16. Jahrhunderts als Eigenschaften Dürers wieder.

Doch Schmidt (p. 540) bestimmte, was er von Dürers Kunst bei Altdorfer fand: „die Zeichnung, der knittrige Faltenwurf und die Komposition sind wesentlich nach Dürer gebildet".

Altdorfers Gewandbehandlung ist von der Dürers von Grund aus verschieden; nirgends, am wenigsten aber in seinen frühen Arbeiten, die hier vor allem in Betracht kommen,[9]) hat Altdorfer versucht, Dürers klare, plastisch gesehene Falte nachzuahmen. Die Stoffbehandlung unseres Meisters ist ganz eigen und der fränkischen Weise entgegengesetzt. Bei Dürer bauscht sich der schwere, anspruchsvolle, seidenartig starre wie seidenartig glänzende Gewandstoff eigenwillig und voll; hier unterliegend, dort siegend steht er im Streite mit den Linien des menschlichen Körpers. Bei Altdorfer hängt der Gewandstoff weich und schlaff — oft wie verregnet — vorzugsweise in parallelen Vertikalzügen herab. Wenn Dürer sich freut, den mannigfachen selbstwilligen Bewegungen des Gewandes, den scharfen Ecken und Brüchen mit eingehender Sorgfalt modellierend nachzugehen, wenn er — für unsern Geschmack — zu viele Motive nebeneinander zur Geltung bringen will und meist ein zu grofses Mafs von Interesse für die Gewandung in Anspruch nimmt, giebt Altdorfer nur das, was unbedingt notwendig ist, behandelt das Gewand ganz besonders oberflächlich, vermeidet das Aufeinandertreffen zweier Linien des Gefältes im Winkel. Die Gewandung des Regensburger Malers mag alle möglichen Mängel haben, nur den Vorwurf der zu harten, unruhigen, knittrigen Brechung, den man vor Dürers Arbeiten öfters erhebt, kann man ihr nicht machen. Nun betrachte man vergleichend die Gewandbehandlung in den Werken Schäufeleins, Kulmbachs, der Beham, selbst Baldungs — in einer Periode seiner Thätigkeit —, also der Künstler, auf die Dürers Art mehr oder minder bestimmend wirkte; bei ihnen in der That findet man hier mehr dort weniger Dürers Auffassung der Falte wieder. Altdorfer aber steht dieser Künstlergruppe fern in diesem Betracht — wie in vielen anderen.

Was von Dürers Komposition, der Erfindung, den Motiven sich in Altdorfers Werken wiederfindet, werden wir im Verlaufe der Betrachtung sehen; doch das kann hier schon bemerkt werden: es ist ganz auffallend wenig. Denkt man an die schon im 1. Jahrzehnt des Jahrhunderts anerkannte, überragende Bedeutung des Nürnberger Meisters, an den Reichtum seiner Erfindung, an die leichte Verbreitung, die Dürers Gedanken und Formen durch den Holzschnitt und Kupferstich fanden, an die verhältnismäfsig geringe geographische Entfernung, die vielfachen Beziehungen zwischen Regensburg und Nürnberg, so erscheint die Summe der gemeinsamen Motive in den Kompositionen der beiden Meister gering.

In den ersten bekannten Werken des Regensburgers sind viele störende Mängel und Schwächen, aber die Eigenart des Künstlers tritt so klar und bestimmt — klarer sogar in mancher Hinsicht als in späteren Schöpfungen — so gar nicht versetzt oder umhüllt mit fremden Bestandteilen hervor, dass von einem Herauswachsen seiner Kunst aus der Dürers nichts wahrzunehmen ist.

In R. Vischers „Studien z. Kstg." (p. 473) findet sich die Stelle: „von Altdorfer möge bei dieser Gelegenheit bemerkt sein, dass er nach meiner Ansicht ein Schüler des Ulmer Malers Martin Schaffner war" und dann: „der Crucifixus in der Sammlung Hamminger zu Regensburg ist nicht ein Werk Altdorfers, sondern M. Schaffners, es müsste denn der Schüler einmal ganz genau wie sein Meister gemalt haben. Der enge Zusammenhang beider ist vor allem aus der Farbenwahl — aus der Neigung zu Chokoladebraun und sehr hellem Inkarnat — sowie aus dem Vortrage ersichtlich". Die Verbindung unseres Meisters mit der schwäbischen Malerei, die hier behauptet wird, scheint zuerst vor jenem Bild[10]) bei Hamminger entstanden zu sein, das unter dem Namen Altdorfers dem Forscher gezeigt wurde, an Schaffner ihn stark erinnerte. Nun steht dieses Gemälde aber den beglaubigten Werken Altdorfers ganz fern. Vischer sah ganz richtig, als er es Schaffner zuteilte. Fast alle Eigenschaften von Schaffners Stil, der Frauenkopf mit breitem Mund, mit flauer Modellierung, der grofse, weiche, fliefsende, etwas langweilige Zug der Falten, die breite, etwas leer dekorative, an gröfsere Verhältnisse gewöhnte Ausführung und vieles andere weisen das Bild, wenn nicht dem Ulmer Meister selbst, so seiner Richtung zu.

Altdorfer könnte, wenn Vischers Vermutung das Richtige träfe, nur vor 1505 in Schaffners Werkstatt gewesen sein. Schaffners Thätigkeit ist nachgewiesen für die Jahre 1508 bis 1539; das Jahr seiner Geburt ist unbekannt, gestorben ist er wahrscheinlich 1541.[11]) Demnach erscheint Schaffner als Altersgenosse unseres Meisters, der Beginn seiner Thätigkeit lässt sich erst drei Jahre nach (!) dem Auftreten Altdorfers in Regensburg nachweisen. Die Zeitverhältnisse passen also nicht gut zu Vischers Hypothese. Vor dem Jugendwerk des Ulmer Meisters in Sigmaringen (Galerie, No. 81 bis 86), das etwa 1505 entstanden sein mag, also zur Zeit, als Altdorfer Schaffners Werkstatt besucht hätte, hat auch Vischer sicher an den Regensburger Meister nicht gedacht. Aber auch zwischen der entwickelten Kunst Schaffners — von einer solchen ist erst seit 1515 etwa die Rede — und Altdorfers Kunst, die beträchtlich früher schon einen ausgeprägten Charakter hat, konnte es mir nicht gelingen, Beziehungen aufzufinden. Chokoladenbraun, Schaffners Lieblingsfarbe, ist in keinem beglaubigten Gemälde unseres Meisters aufzufinden. Vischers Hypothese von der Herkunft des Regensburgers aus dem Bannkreise schwäbischer Kunst lässt sich auf keine Weise aufrecht erhalten. [12])

Ehe wir uns zu den erhaltenen Arbeiten Altdorfers selbst wenden, einige Worte über seine Signatur. Der Künstler bezeichnete seine Arbeiten fast ebenso regelmäfsig wie Dürer, und zwar mit dem bekannten aus zwei „A" zusammengefügten Zeichen. Schon 1506, die ersten bekannten Werke signiert er in dieser Weise. Die Holzschnitte tragen sämtlich — mit einer, wie mir scheint, zweifelhaften Ausnahme (B. 56) — die Kupferstiche höchstens mit 2 oder 3 Ausnahmen dieses Monogramm. Bei Zeichnungen scheint der Meister öfter das Monogramm fortgelassen zu haben; dagegen ist gerade bei ihnen eine Jahreszahl häufiger als bei den gedruckten Blättern. Die Gemälde tragen mit sehr wenigen Ausnahmen das Künstlermonogramm. Die Jahreszahl hat Altdorfer sonderbarer Weise in früherer Zeit häufiger vermerkt als in späterer und es scheint, als ob er die Erstlingsarbeiten in einer Technik besonders gern datiert habe.

Am Kopf des Aufsatzes von Schmidt und Neumann ist neben dem bekannten Monogramm des Künstlers ein zweites wiedergegeben, dem ein horizontaler Querstrich an der vollkommenen Form des gewöhnlichen Monogramms fehlt. Dieses Zeichen habe ich jedoch auf keinem echten Werk finden können; die gefälschten Signaturen haben einige Male diese Form. Auch das dritte Zeichen, das man bei Neumann-Schmidt findet, kann nicht anerkannt werden. Es soll nur auf einem einzigen Werke des Meisters vorkommen, auf der radierten Landschaft B. 71. Nun stimmt dieses Blatt zwar wohl überein mit den anderen Landschaftsradierungen, die das gewöhnliche Monogramm tragen. Demnach stehe ich an, eben wegen der Signatur, die Radierung B. 71 für eine Arbeit des Regensburger Meisters zu halten. Es erscheint unzulässig, einem Künstler, der so regelmäfsig ein ganz bestimmtes Monogramm verwendete, ein ganz anders bezeichnetes Blatt zuzusprechen. Dazu kennen wir sogar das Zeichen von B. 71 als Signatur Erhard Altdorfers, der dasselbe in der Lübecker Bibel von 1533 angewendet hat. Die Landschaftsradierung B. 71 ist höchst wahrscheinlich eine Arbeit Erhards, der sich einmal eng an das Vorbild des Bruders anschloss.

Die unserm Meister allein zukommende bekannte Signatur zeigt auf den früheren Werken eine weniger sorgsame, weniger feste Form als später, die Vertikalstriche sind oft von ungleicher Länge und gehen annähernd parallel nach unten: später ist die Signatur regelmäfsiger ausgeführt, breiter, dem Quadrat genähert, die Vertikalstriche gehen nicht parallel, sind mehr nach aufsen gespreizt.[13])

Folgende datierte Kupferstiche Altdorfers stammen aus den Jahren 1506—1511:

1506 B. 25. Versuchung der Einsiedler (Berlin, kgl. Kab.).
— P. 99 (= S. 49). Superbia (München, St. Bibl.).
    Bekleidete Frau — nicht „nackte", wie Schm. angiebt — auf einer Schlange sitzend.
— Ottley 27 (= S. 25). Die hl. Katharina sitzend (von mir nicht gesehen).
1507 B. 15. Madonna mit dem Kind und zwei Knaben (vielfach zu finden).
— B. 62. Kopf eines jungen Mannes, wohl Porträt (Berlin, kgl. Kab.).
1509 B. 16. Stehende Madonna (von mir nicht gesehen).
— S. 55. Krieger stehend im Profil nach links. (8,1 × 4,1 cm.)
    Schm., der das Blatt nicht selbst zu kennen scheint — er giebt die Mafse in Zoll an — erwähnt die Datierung nicht. Das Exemplar des offenbar sehr seltenen Blattes, auf dem die Datierung sich findet, ist im Museum zu Weimar. Ich kenne es nicht und danke die Notiz der Freundlichkeit C. Rulands, der sich unsicher ausspricht, ob die Zahl 1509 oder vielleicht 1506

bedeute. An demselben Ort soll sich auch als Gegenstück zu S. 55 ein noch unbeschriebenes Blatt befinden, das bezeichnet ist und eine stehende nackte Frau mit Füllhorn darstellt. Ob der Stil dieses zweiten Blattes gestattet, es in diese Gruppe der frühen Stiche aufzunehmen, weiſs ich nicht.

1510 B. 51. Trommler nach rechts gehend (Dresden, S. Friedrich August II.).

— S. 65 a. Pfeifer nach rechts gewendet (Dresden, kgl. Kab.).

Die beiden letzten Blätter sind wohl Gegenstücke, sie stimmen in den Maſsen überein.

— B. 53. Der groſse Fahnenträger (Wien, Albertina).

Schm. zweifelt, ob 1508 oder 1510 zu lesen sei. Auf dem einzigen mir bekannt gewordenen Exemplar war 1510 eher als 1508 zu lesen.

1511 B. 59. Fortuna mit dem Genius (Hamburg, Kunsthalle).

— P. 97 (= S. 23). Der hl. Sebastian am Baum (München, kgl. Kab.).

Die Datierung ist, wie auch Schm. bemerkt, 1511 zu lesen, nicht 1531 oder 1501.

Von undatierten Stichen des Meisters sind wegen der stilistischen Uebereinstimmung wohl noch folgende dieser Gruppe einzuordnen:

Scheinbar zwischen 1506—1511 P. 103 (= S. 64) Fahnenträger und Krieger (Berlin, kgl. Kab.).

Diese technisch sehr mangelhafte, sicher der Frühzeit gehörende Arbeit wird von P. und von Schm. irrtümlich noch einmal aufgezählt. P. 102 (= S. 65).

Derselben Zeit gehört an P. 101 (= S. 66). Frau mit Federhut; Halbfigur (Berlin, kgl. Kab.).

Dieses Blatt ist, obgleich ihm die Signatur fehlt, entschieden von Altdorfer, erinnert besonders stark an B. 15 von 1507 und gehört wegen der engen Verwandtschaft mit den frühen datierten Stichen in eben diese Zeit.

Das Berliner kgl. Kab. besitzt unter den Kupferstichen Altdorfers ein noch unbeschriebenes Blatt. Es stellt den hl. Christophorus mit dem Christkind dar (8,2 × 4,6 cm). Der Stich zeigt auf einem kleinen Täfelchen rechts unten die Signatur des Künstlers und darüber eine Jahreszahl, die beim ersten Blick 1531 bedeutet. Bei näherer Betrachtung scheint es, als sei das Blatt am Orte der Bezeichnung lädiert. Nach dem, was wir sonst von der Entwickelung des Stechers wissen, kann die Arbeit nicht wohl 1531 entstanden sein; dagegen schliefst sie sich nach Formauffassung und Ausführung eng an die Arbeiten der ersten, oben aufgezählten Gruppe, zumal an die Stiche von 1511 an. Ich glaube deshalb, dass die Datierung 1511 zu lesen ist. Hoffentlich wird ein zweites Exemplar bekannt, das Gewissheit über die Lesart der Zahl giebt. Jedenfalls macht das Blatt durchaus den Eindruck einer Arbeit unseres Meisters und ist in das Werk desselben aufzunehmen.

Die hier aufgezählten frühen Stiche bilden eine fest geschlossene Gruppe und scheiden sich nach dem Stil scharf ab von der Masse der übrigen Blätter des Meisters. Diese interessanten frühen Stiche sind von gröfster Seltenheit.[14]) Das erklärt sich wohl daraus, dass der Meister von den frühen, in mancher Hinsicht recht unvollkommenen Platten eine geringere Zahl von Abdrücken nahm als von den späteren, technisch besseren. Nach 1511 hat Altdorfer merkwürdiger Weise keinen einzigen Kupferstich mehr mit einer Datierung versehen.[15]) Die bisher nicht aufgezählten Stiche, d. h. die überwiegende Mehrzahl, gehören der Zeit nach 1511 an. Es scheint, als ob die dem Stil nach ältesten dieser späteren, undatierten Stiche erst einige Jahre nach 1511 entstanden sind, dass also eine Pause in der Thätigkeit des Stechers eintrat. Etwa seit 1514 mag der Meister aufs neue dem Stechen sich zugewendet haben.[16])

Holzschnitte aus dieser ersten Periode sind nicht vorhanden. Die ersten datierten Schnitte stammen aus dem Jahre 1511 und die Vergleichung dieser Blätter mit den undatierten lehrt, dass höchst wahrscheinlich kein uns bekannter Holzschnitt des Meisters aus der Zeit vor 1511 stammt. Das letzte Jahr der datierten Stiche ist das erste Jahr der datierten Schnitte.

Wir suchen die Technik der frühen Kupferstiche Altdorfers (1506—1511) zu bestimmen mit besonderer Betonung derjenigen Eigenheiten, die der Künstler später aufgiebt, die sich in der grofsen Masse der jüngeren Blätter nicht mehr finden.

Der Hintergrund ist entweder einfach weiſs gelassen oder mit einer Kreuzschraffierung enger rechtwinklig aufeinander stoſsender Lagen bedeckt und dann der dunkelste Ton des Blattes. Rechtwinklige Kreuzschraffierung kommt in Altdorfers späteren Arbeiten kaum noch vor; die der Modellierung unvorteilhaften Verhältnisse: Grund weiſs und Grund dunkelster Ton, werden später fast immer vermieden und dafür das der Plastik günstige Verhältnis bevorzugt, bei dem der Grund einen mittleren Lichtgrad besitzt, so dass die Gestalten mit ihren beleuchteten Partien sich hell, mit den beschatteten Partien dunkel vom Grunde gut abheben. In den frühen Stichen giebt es zu viel tote Flächen; für den Eindruck ist gleichsam das Papier nicht überwunden. Die Form steht oft silhouettenhaft auf dem Grund, die Ergebnisse der Modellierung sind sehr gering. Ist der Grund weiſs, so muss die beleuchtete Seite der Gestalt durch eine Linie umzogen werden; ist der Grund der tiefste Ton, so kann die Figur auf der Schattenseite nur einen mäſsigen Grad von Schatten erhalten, da sie sich auch auf dieser Seite noch hell vom Grund lösen muss. So kommt die Plastik der Erscheinung zu kurz. Die Führung des Grabstichels zumal im Fleisch ist ängstlich, unsicher, ganz ohne System, wie ohne Schulung, dabei — zumal 1511 — von ganz auſserordentlicher Feinheit des Striches, als ob der Künstler den Eindruck der Entstehungsweise des Stichs, die Linie verstecken wollte, als ob ihm der Effekt etwa einer Tuschzeichnung vorgeschwebt hätte. Punktierende Arbeit fehlt vor 1511, tritt 1511 bescheiden auf. Die meist sehr dünnen Linien schlieſsen sich den plastischen Formen nicht an, runden sich nicht genügend, sind zu starr, meist gerade, oft wie zufällig ohne Disposition durch einander fahrend. Eigentümlich und ganz anders als später ist die Behandlung des Haares, in dem es helle, bandartige Streifen giebt. Sehr charakteristisch ist die Gewandbehandlung, besonders 1506 und 1507. Die hellen Faltenrücken laufen verästelt wie Baumzweige über die ganz unbelebten Stoffflächen. Als eigentümlichen Vorzug besitzen einige von diesen frühen Arbeiten, am meisten B. 25 von 1506, B. 62 von 1507, B. 59 von 1511, Weichheit und Ruhe des Tons von feinem Reiz, harte Konturen sind meist glücklich vermieden.

Die Technik der fruhen Kupferstiche mag die Vorstellung geben von einem ungeübten, selbständig suchenden, ungleichmäfsig arbeitenden Künstler, der sich nicht an ein bestimmtes Vorbild hält, der während dieser Jahre bis 1511 ein beträchtliches Wegstück vorwärts kommt.

Rosenberg (p. 43) bemerkt: „Nur wenige (von Altdorfers Kupferstichen), besonders einige religiöse Darstellungen zeigen den Einfluss Dürers. Merkwürdigerweise sind es gerade diejenigen aus seiner mittleren Zeit, z. B. ein dornengekrönter Christus mit der Madonna vom Jahre 1519, während die älteren, besonders in der Technik, italienische Einflüsse verraten." Mit dem negativen Teile dieser Bemerkungen können wir uns wohl einverstanden erklären. Der Stich B. 9 von 1519 jedoch, der Dürers Einfluss zeigen soll, ist nicht mit Altdorfers Monogramm versehen und erscheint durchaus nicht zweifellos als Arbeit unseres Meisters.[17]) Die angeblichen italienischen Einflüsse aber können wir durchaus nicht bemerken. Angenommen selbst, gewisse Eigenheiten der frühen Stechweise unseres Meisters fänden sich auch in italienischen Kupferstichen vom Ende des 15. Jahrhunderts, die Annahme einer Einwirkung von jenseits der Alpen erscheint immer noch sehr gewagt. Dass Altdorfer in Italien gewesen ist, hören wir nirgends; alles, was wir hören und sehen, spricht dagegen. Und wenn der junge Kupferstecher in Regensburg überhaupt ein Vorbild suchte für seine Technik, wie sollte er sich an die gerade technisch sehr primitiven italienischen Stiche wenden und an den technisch unvergleichlich vollkommeneren Arbeiten eines Schongauer und vor allem Dürers, die ihm leichter zugänglich waren, vorübergehen? Auf den deutschen Künstler zu Anfang des 16. Jahrhunderts, der sich an italienische Kupferstiche wendete, wirkte das zuerst und am stärksten, was in der fremden Kunst grofs und überlegen war, Formensprache, Anordnung, Ornament, zuletzt und sehr selten die Technik. Nun giebt es kaum einen zweiten deutschen Künstler im Anfang des 16. Jahrhunderts, der so wenig Beziehung zu Italien hat in Form und Komposition wie Altdorfer in seinen frühen Arbeiten. Und gerade er soll zwischen 1506 und 1511 italienische Stiche auf ihre Technik hin studiert haben? Und am Ende ist sehr wenig den oben genannten Stichen mit italienischen Arbeiten gemein: einige Mängel — im Gegensatz zu Dürers Technik — die flaue Modellierung, die starre Gradlinigkeit der kurzen Striche, nicht aber positive Eigenschaften.

Neuerdings wollte R. Stiassny[18]) auch Barbaris Einfluss in dem Stich B. 25 von 1506 finden. In der Technik mag einige Verwandschaft festzustellen sein, eben die Mängel, die Rosenberg an italienische Arbeiten erinnerten, das genügt jedoch nicht, um auf einen Zusammenhang zu schliefsen, um so weniger, als nicht die geringste Aehnlichkeit mit der Formbehandlung des Halbitalieners vorhanden ist.

Unter den mir bekannt gewordenen Handzeichnungen unseres Meisters stammen nicht viele aus dieser frühen Zeit. Nur eine Zeichnung kenne ich, die sicher aus dem Jahre 1506 ist. Dieses sehr interessante Blatt des Berliner kgl. Kab.s (m. Verz. III, 1) stellt zwei weibliche Gestalten dar, die gemeinsam eine Fruchtschale empor halten; die Figur rechts hat in der freien Hand einen Schild, die zur Linken eine Laute. Ausgeführt ist die Zeichnung auf braun grundiertem Papier mit zeichnendem spitzen Pinsel (?) und dunkler Farbe; mit zart strichelndem Pinsel und Deckweifs ist dann das Licht netzartig mit einer Menge haarfeiner Bogen aufgehöht.[19]) Auf einem Täfelchen, das von dem Schilde der rechten Gestalt herabhängt, sieht man Altdorfers Monogramm, in das mit blasserer Farbe ein kleines „D" hineingesetzt ist, offenbar später, um das Monogramm in das Dürers umzufälschen. Ueber dem Monogramm steht die Jahreszahl 1506, entschieden echt wie Altdorfers Signatur.

Die frühesten datierten Gemälde, zugleich — das können wir sicher sagen — die frühesten bekannten Gemälde Altdorfers entstanden im Jahre 1507.

Landschaft mit Satyrfamilie.
Berlin, Museum (dat. 1507, m. Verz. I, 2).

Richten wir den Blick auf dieses Bildchen, so beschäftigen uns zunächst nicht die Figuren, geschweige eine bestimmte Begebenheit oder Handlung, vielmehr der links gleich im Vordergrund steil bis zur Höhe des Bildes ansteigende braune Felsen und das dichte Gebüsch davor und die dunkeln Bäume rechts neben der Steinwand.

Mehr als die linke Hälfte der kleinen Tafel nehmen diese schwer und warm getönten Massen ein. Rechts ist uns der Ausblick offen auf einen wolkenlosen Himmel, der dem niedrigen Horizont zu immer mehr von seinem Blau verliert. Am Horizont sind ferne, bescheiden angedeutete, nicht hohe, bläuliche Berge, dann weiter nach vorn etwas Wasser, aus dem inselartig ein Fels aufsteigt. Dieser einfache Ausblick wirkt mit vorwiegend kühlen blassen Tönen um so duftiger, tritt um so besser in die Ferne zurück, je wärmer und schwerer der Vordergrund gestimmt ist, links der breite Fels, unten der Streif des Erdbodens und rechts ein dicht am Bildrand aufwachsender Baum.

Links am Fuße des Felsens hat ein bockbeiniger, gehörnter Pan sich die Lagerstätte ausgesucht, hier sitzt er am Boden, bei ihm eine nackte Frau und ein Kind. Doch die Familie scheint aus ihrer Ruhe aufgeschreckt zu sein durch einen Vorgang, der sich rechts in der Ferne abspielt. Dort sucht ein nackter unbärtiger Mann eine mit rotem Gewand bekleidete Frau, die mit starken, sehr ungeschickt gezeichnetem Ausschreiten ihm entfliehen will, festzuhalten. Diese letzteren Figuren sind ganz klein; die größte Figur im Vordergrund würde auch stehend nur etwa $1/_3$ der Bildhöhe erreichen.

Während der Katalog der Berliner Gemäldesammlung (a. 1883, p. 6) das Gemälde einfach als „Landschaft mit Staffage" bezeichnet, glaubt Ch. Ephrussi[20]), es sei hier der bei den Künstlern des 16. Jahrhunderts in Deutschland sehr beliebte Mythus von Nessus und Deianira dargestellt. „Déjanire et Nessus avec un enfant couché, au premier plan; dans le fond un homme nu, Hercule poursuivant une femme qui traverse une rivière." Ephrussi hat wahrscheinlich Recht, wenigstens ist sicher anzunehmen, dass an einen bestimmten mythologischen Vorwurf gedacht ist. Der Gegenstand war dem Künstler wohl missverstanden überliefert, dann womöglich noch einmal missverstanden und unklar zur Darstellung gebracht. Es wäre vergebliches Bemühen, den Mythos aus den flüchtig hingemalten Figürchen verstehen zu wollen. Selbst bei Dürer sind die mythologischen Vorstellungen zuweilen schwer zu erklären, und zu Altdorfers Vorzügen gehörte die Gabe, klar zu erzählen, nicht.

Derartige profane Darstellungen wurden in Deutschland im Zeitalter des Humanismus vielfach in Holzschnitt und Kupferstich verbreitet, gemalt aber höchst selten.

Hieronymus und Franciscus.
Berlin, Museum (dat. 1507, m. Verz. I, 1).

In einem Rahmen sind zwei gleichgrofse Täfelchen vereinigt.[21]) Auf der Tafel rechts kniet der greise Hieronymus inmitten einer waldigen Berglandschaft, er kasteit sich vor einem Crucifix, das an einen Baumstamm links im Vordergrund genagelt ist. Rechts liegt der Löwe.

Auf der anderen Tafel ist der hl. Franz niedergekniet, die Wundmale zu empfangen. Rechts oben in den Lüften der Crucifixus, und rote Strahlen gehen von den Wunden des Gekreuzigten auf Franz hernieder. Der Versuch des Künstlers, dem Kopfe des Heiligen einigermafsen den Ausdruck zu geben, den die mystische Erhabenheit des Ereignisses fordert, ist nicht geglückt. Weit mehr als der Heilige selbst fesselt die Landschaft und das eigentümliche Licht, das auf ihr liegt. Ein Lichtphänomen, eine seltsame Gestaltung des landschaftlichen Bildes wirkt fast erregend auf den Beschauer und bringt ihn dem Wunderbaren des dargestellten Vorgangs, dem Durchbrechen der Naturgesetze durch die wunderbare Erscheinung näher, als die lahme Gebärde, der stumpfe Kopf des Heiligen es vermochte. Die Komposition ist nahe verwandt derjenigen in Dürers Holzschnitt B. 110, der denselben Gegenstand darstellt. Ein Zusammenhang ist wahrscheinlich.

Die Gestalten sind ziemlich grofs im Verhältnis zur Bildhöhe.

Die heilige Nacht.
Bremen, Kunsthalle (dat. 1507, m. Verz. I, 3).

Diese Tafel ist nur wenig gröfser als die Berliner, doch zeigt sie viele, freilich winzige Figuren, die weit auseinander im Raume zerstreut sind. Wir blicken durch ein verfallenes Gebäude hindurch; kaum mehr als die dicken Mauern rechts und links stehen aufrecht, sie ziehen sich in die Bildtiefe hinein. Oben liegt das Sparrenwerk des verkommenen Daches teilweise noch auf. Die Quermauer hinten ist zum gröfsten Teil vernichtet. Wir sehen hier hinaus auf ein Stück Hügellandschaft und auf den Himmel, dessen Wolken vom Morgenrot bereits angestrahlt erscheinen. Noch liegt der unheimliche Ort in matter Beleuchtung, in dämmerigem Zwielicht, aufser dem schwachen Morgenlicht und der erblassenden Mondsichel, die durchs Lattenwerk oben sichtbar ist, hier eine trübe Kerze, dort eine schwache Laterne. Nach und nach unterscheiden wir die Figürchen deutlich. Links kniet Maria in Seitenansicht nach rechts gewendet zu dem Christkind, das vor ihr am Boden liegt, um das sorglich und neugierig drei kleine Engelbuben sich zu thun machen. Ein vierter hat sich gar neben dem Christkind zum Schlafen niedergelegt. Rechts steht Joseph, vom Rücken gesehen, eine überaus hohe, haltlose Gestalt, er hält mit der Rechten eine Stalllaterne empor. Neben ihm weiter rechts lehnt eine hohe Leiter, die zum Dach hinauf führt. Auf dieser Leiter, oben im Sparrenwerk überall Engel, die freilich ihre Flügel nicht gebrauchen, die Leiter benutzen müssen und sich eher wie Heinzelmännchen denn wie Engel gebärden. Im Dache sind die kleinen Leute spielend geschäftig an der Arbeit, Heubündel herabzuwerfen. Einem ist im Eifer ein Unglück passiert, er ist vom Dach herabgefallen und liegt rücklings am Boden; ein Genosse eilt zu seiner Hilfe herbei. Alle diese Gestalten, die in zerstreuter Anordnung spukhaft die dunkle Ruine beleben, sind mit wenigen Strichen äufserst oberflächlich gezeichnet. Die Stimmung, die freilich nicht klar und rein und voll von dem Bild ausgeht — es steckt alles noch im Keime — beruht auf dem Anblick des Ganzen, beruht in erster Linie auf der Erscheinung der Räumlichkeit, auf der Beleuchtung, die übrigens durchaus nicht korrekt durchgeführt ist, auf dem Verhältnis der Figuren zum Raum. Das heimliche Weben und Treiben zwischen den verödeten Mauern giebt einen einen eigenen poetischen Reiz. Dagegen sagen die einzelnen Gestalten uns gar nichts und sind aus dem Zusammenhang genommen höchst klägliche Gebilde.

Von den Gemälden des Jahres 1507 ist dieses Bild in Bremen wenn auch nicht das beste, für den Historiker das wichtigste. Im Keime ist hier Altdorfers ganze Kunst vorhanden.

Der heilige Georg.
München, Pinakothek (dat. 1510, m. Verz. I, 4).

Diese kleine Tafel hat zum Thema den Kampf des hl. Ritters mit dem Drachen; dem Eindruck nach giebt sie eine Landschaft mit Staffage. Der That Georgs steht unser Künstler anscheinend etwas gleichgiltig gegenüber. Die Prinzessin, die zum Verständnis des Ereignisses nicht wohl zu entbehren ist, hat er einfach fortgelassen. Und von einem Kampfe, von der Bewegung sehen wir so gut wie nichts. Das Pferd scheint im ruhigen Schritt über den Waldboden vor der bunten Kröte zu stutzen und der Ritter beugt sich ein wenig vor, um das seltsame Tier sich zu betrachten. Statt des Dramas eine Idylle. Was bietet der Künstler zum Ersatz für diese unbedenkliche Abstumpfung des eigentlichen Themas bis zur Unverständlichkeit?

Die Laubwand steigt fast unmittelbar am unteren Bildrand — vom Waldboden ist sehr wenig zu sehen — dicht und undurchbrochen zum oberen Rand empor, sie füllt fast die ganze Fläche und beherrscht den Eindruck ausschließlich. Nur rechts unten ein ganz kleiner Ausblick auf den niedrigen Horizont in der Ferne und auf einen blauen Hügel. Wir sind so recht im Innern des Waldes und sehen nichts als Laub, nicht die Formen, die Umrisse der Bäume; die Bäume werden nirgends vom Himmel begrenzt, weder oben, noch rechts, noch links, und sie heben sich auch von einander nicht klar ab. Die Höhe des Reiterfigürchens beträgt etwa $1/4$ der Bildhöhe.

Dieses Bild von 1510 schließt sich in fast allen Beziehungen ganz eng an die drei Gemälde von 1507 an und giebt mit ihnen zusammen von der frühen Kunst Altdorfers ein einheitliches Bild, das wir versuchen werden festzustellen. Ein zweites Gemälde des Jahres 1510 weicht in mancher Hinsicht ab und zeigt einige neue Ansätze, wenngleich es sich sehr wohl als gleichzeitige Schöpfung verstehen lässt.

Die heilige Familie am Brunnen.
Berlin, Museum (dat. 1510, m. Verz. I, 5).

Dieses Bild, das größere Maße und beträchtlich größere Figuren hat als die bisher betrachteten, war — laut Inschrift —

eine Stiftung des Künstlers selbst zu Ehren der Mutter Gottes. Also ein für die Kirche bestimmtes Bild, bei dem aber der Wunsch des Bestellers den Meister nicht beengte. Die heilige Familie hat auf der Flucht an einem prächtigen Springbrunnen in der Nähe menschlicher Ansiedlungen Halt gemacht. Die Mutter hat sich auf einen Sessel niedergelassen und das Kind auf ihrem Schofse beugt sich über den Beckenrand der Fontäne, um im Wasser zu plätschern; Joseph, der nur halb am rechten Bildrand sichtbar ist — merkwürdig frei, wenn auch unschön — kommt hinzu mit Kirschen, von denen Maria für das Kind nimmt. Der grofse, prächtige, im Vordergrunde links stehende Springbrunnen nimmt fast $^2/_3$ der Bildbreite für sich in Anspruch, er ist mit vielem Interesse in seinen krausen, halb gotischen, halb renaissancemäfsigen Formen dargestellt. Den Brunnen haben kleine Engel zum willkommenen Spielplatz gewählt, sie sitzen musizierend auf dem Beckenrand, schwimmen im Wasser, treiben allerlei Kurzweil.

Der reiche Brunnen erscheint als eine freie Erfindung des Meisters; mit nicht geringem Stolze mag er diesen Erstling ungeklärter Renaissancevorstellungen betrachtet haben. Dergleichen stand auf keinem deutschen Marktplatze, freilich auch auf keinem italienischen, wie der Maler vielleicht meinte. Die stämmige, stark geschwellte, wie ein Bündel von Stäben erscheinende Mittelsäule, das sich voll in die Breite dehnende, untere Becken mit dem figürlichen Friesrelief, die wasserspeienden Löwenköpfe des oberen kleineren Beckens sowie die Proportionen dieser unteren Teile sind annähernd im Sinne der kommenden Zeit gestaltet. Die obere Fortsetzung der Mittelsäule mit ihren schlanken, mageren Verhältnissen, mit der krausen, naturalistischen Dekoration erinnert noch stark an die Spätgotik.[22] Die eigentlichen Baulichkeiten, die zu dieser Zeit in Altdorfers Werken vorkommen, zeigen übrigens noch keineswegs das Eindringen der neuen Formen. So sieht man im Mittelgrunde unseres Gemäldes einfache, etwas ländliche, echt deutsche Häuser, Fachwerkbauten mit überaus hohem Giebel. Als dem Künstler später die Renaissanceform ins Blut übergegangen war, hat er solche ärmlichen, nach der Natur dargestellten Häuser ungern in seinen Bildern gezeigt, lieber eine freie Erfindung im Sinne des neuen Stils wie hier an der Fontäne, so dann auch an Gebäuden erprobt. Wenn man will, als Vorboten der Renaissancearchitektur erscheinen romanische Bauformen mehrere Male. Auf dem Bildchen des hl. Hieronymus (Berlin von 1507) ist rechts im Mittelgrund eine kleine romanische Kapelle korrekt und stilgerecht wiedergegeben. Auf unserem Bilde von 1510 kommen als Ruinenmotiv einige romanische, durch Rundbogen verbundene Säulchen vor.[23])

Die Landschaft in unserem Gemälde, ein weites bergiges Ufergelände mit menschlichen Ansiedlungen, ist wenigstens in Hinsicht der Zeichnung nicht wohl geglückt, sie hat Mängel, die unser Meister sonst stets vermeidet. Der Horizont liegt bedenklich hoch, die landschaftlichen Motive des Mittelgrundes sind unruhig gehäuft, der blaue Hintergrund steht etwas hart und unvermittelt gegen den Mittelgrund. Der Mittelgrund aber drückt zu stark nach vorn.

Der Eindruck dieses Bildes, das Abschluss und Höhepunkt zugleich für diese erste Gruppe bildet, ist heiter, klar, sonnig, von anziehender Eigenart. Ganz köstlich ist die Färbung, die einen lichten, blonden Gesamtton mit einigen gewählten, diskreten, gebrochenen Lokalfarben verbindet. Vortrefflich ist die Lichtwirkung im Freien beobachtet, viel Reflex, gar keine schweren Schatten. Die Malweise ist aufgelockert, frei, selbständig wie die Anordnung.

Wir versuchen die Eigenschaften der Kunst, die die aufgezählten Werke schuf, der Kunst Altdorfers in den Jahren 1506—1511 festzustellen; vielleicht wird auch die Herkunft dieser Kunst dann klarer, wird wenigstens die Herkunft von Dürer bestätigt oder verneint.

Auffassung und Anordnung treten gleich in diesen ersten Arbeiten erstaunlich frei der älteren Kunst, der Tradition gegenüber. Der Künstler erscheint als Anfänger, der sich zuweilen recht unbeholfen bewegt, aber nicht, weil seine Individualität etwa im Zwange einer älteren Kunstübung, einer anderen Persönlichkeit die eigene offene Bahn noch nicht erreicht hätte, sondern eher scheint es, weil eine geprägte Individualität, die zwanglos sich anspricht, nicht in der Zucht einer Tradition, einer bestimmten Stilrichtung sich klar auszudrücken gelernt hat. Von dem „Dilettantischen" in Altdorfers Kunst hat man zuweilen gesprochen, unzutreffend im

Hinblick auf das Ganze, das unser Künstler geleistet hat, zutreffend für diese ersten Leistungen. Altdorfer war 1507 mindestens 27 Jahr alt! Es möchte vor den frühen Schöpfungen des Regensburger Meisters scheinen, er habe vorher nie das Werk einer anderen Hand mit Aufmerksamkeit, als Vorbild eigener Arbeit betrachtet. Der Formauffassung ganz besonders fehlt die feste Schulgewöhnung, die in Jugendwerken anderer Künstler fast stets bemerkt wird; alles scheint aus der Naturbeobachtung geschöpft, nur dass der Künstler oft ganz hilflos meist an der Oberfläche der Erscheinung bleibend, seinem Vorbild, der Natur gegenüber steht.

In diesen an Mängeln reichen Arbeiten fehlen die Mängel, die wir sonst wohl an frühen Schöpfungen des 16. Jahrhunderts als Erbübel aus der Hinterlassenschaft der Spätgotik erklären. Eigenheiten der spätgotischen Plastik, die der Malerei um so leichter vermittelt wurden, als beide Künste gemeinsam an den Altären thätig waren, die statuarische Pose, eckige, überladene Gewandung und all das andere Ueberkommene, mit dem die unvergleichlich stärkere Natur Dürers viel zu schaffen hatte, indem sie manches, aber erst nach redlichem Kampfe abwarf, manches in ihren Stil einschmolz: in Altdorfers frühesten Arbeiten wirken sie nicht nach.

Das 15. Jahrhundert hatte der Tafelmalerei, von der es wesentlich nur Altargemälde verlangte, sehr enge Grenzen gezogen. So lange Plastik und Malerei zusammengeschirrt waren, war es dieser nicht gestattet, Wege zu betreten, auf denen jene, die freilich ihrerseits vieles von der Malerei annahm, nicht zu folgen vermochte. Sehr häufig in dieser Zeit erscheint die Malerei als bequemer aber unvollkommener Ersatz für die Plastik; die spezifisch malerischen Leistungen sind unbekannt. Noch nicht lange war es geschehen, dass an die Stelle des Goldgrundes Himmel und Landschaft getreten waren und dem Himmel, der Landschaft sah man es noch viel später an, dass sie an die Stelle einer schmückenden Flächendekoration getreten waren. Es bedurfte langer Zeit, ehe die neu gewonnene dritte Dimension, die Tiefe, gleichberechtigt in der Anschauung der Künstler wirkte. Die eigentliche Aufgabe der Malerei des 15. Jahrhunderts war die von der Naturumgebung isolierte Menschengestalt.

Die Malerei des 16. Jahrhunderts ist thätig, sich selbständig zu machen, unter eigenen Gesetzen eigene Wirkungen zu suchen, das ganze Reich des Sichtbaren sich zu unterwerfen. Doch das war nicht mit einem Schlage vollbracht und gelang vollständig nur selten, nach heißem Kampf. Der Kampf ist bei Dürer deutlich wahrnehmbar. So lange Dürer zeichnet, bleibt er unbedingt Sieger, Dürers Gemälde aber sind mit festen Fäden an die Altarkunst des 15. Jahrhunderts geknüpft.

Vergebens suchen wir in den frühen Bildern Altdorfers einen Zusammenhang mit der Tafelmalerei des 15. Jahrhunderts, einen Nachklang des Stils, den die ältere Zeit für die religiösen Darstellungen unter den strengen Bedingungen der Altarkunst ausgebildet hat.

Vor Dürers Blick, der feiner im Plastischen als im Malerischen war, der nicht das Naturbild als Ganzes fasste, sondern analysierte, standen zuerst die menschlichen Gestalten, sie schlossen sich so nah, so klar wie möglich — meist in gleicher Entfernung von dem Auge des Künstlers — zu gedrängten Gruppen zusammen und ordneten sich nicht etwa in einem vorgestellten Raum, sondern in der gegebenen Rahmenfläche. Die Gestalten Dürers stehen außerhalb, vor der Landschaft, die nachträglich gleichsam als Angabe der Oertlichkeit, als Füllung der noch freien Fläche hinzugefügt ist. Hier liegt wohl der Hauptgrund, dass Dürers Gemälde, in denen jede Einzelheit mit schärfster, hingebender Naturbeobachtung ausgeführt ist, in der Gesamtansicht doch nicht naturwahr erscheinen. Die übergroße Plastik der Gestalten, der Mangel an Farbenperspektive sind Folgen von Dürers Art, die Dinge nicht im Raume bei einander und hinter einander zu betrachten, sondern isoliert und in möglichster Nähe seines Auges. Hier gilt es nicht, diese Eigenschaften einerseits aus der fränkischen Altarkunst, aus der der Meister herauswuchs, zu erklären, andererseits zu zeigen, dass diese Mängel in notwendiger Beziehung zu den größten Vorzügen Dürers stehen — ein fast wissenschaftliches Interesse an der Form wollte sich an dem malerischen Schein nicht genügen —; hier gilt es nur auszusprechen, dass Altdorfer in diesem Punkte im schärfsten Gegensatze zu Dürer steht.

Vor Altdorfers Phantasie steht zuerst die Räumlichkeit, dann erst die Figuren. Das entspricht dem Verhältnis in der Natur. Daher wirken selbst die Arbeiten unseres Meisters, die im einzelnen äufserst oberflächliche Beobachtung zeigen, in der Gesamtansicht merkwürdig naturgetreu. Alle Mängel fast und alle Vorzüge lassen sich hier anknüpfend entwickeln, einerseits das sehr geringe Verständnis für die plastische Form, das sehr geringe Interesse am menschlichen Körper, andererseits die koloristische Feinfühligkeit[24]), die gelöste Freiheit der Anordnung. Altdorfer bleibt den Dingen fern, er sieht sie von weitem, undeutlich, aber im Zusammenhang.

Den Gemälden dieser ersten Jahre ist das ungewöhnlich kleine Format eigen, an dem der Regensburger Meister während seiner ganzen Thätigkeit festzuhalten bestrebt ist.[25])

Das Format steht in inniger Wechselbeziehung zu fast allen Eigenschaften der Kunst Altdorfers. Die Wahl des kleinen Formates, die gleich von Anfang, so weit wir verfolgen können, so bestimmt hervortritt, verlangt eine historische Erklärung. Wir wissen nichts von einer älteren deutschen Tafelmalerei, die ähnlicher Mafse sich bediente.

Eine wichtige Eigenheit unseres Meisters ist das geringe Mafs der dargestellten Figuren im Verhältnis zur Höhe des Gemäldes. Von Anfang wirkt ein entschiedener Zug zur Landschaftsmalerei, ein Zug, dessen Kraft der würdigt, der sich klar macht, dass zu Anfang des 16. Jahrhunderts die Landschaftsmalerei, streng genommen, nicht Daseinsberechtigung in der Tafelmalerei besafs.

Beachtenswert neben der richtigen perspektivischen Gesamtanschauung der Natur ist die Einfachheit des landschaftlichen Motivs. Von den bekannten Jugendsünden der Landschaftsmalerei, dem Steigern, Häufen und Uebertreiben der Motive, von dem Touristengeschmack, der den Reiz der Landschaft in der weiten Uebersicht, in der seltsamen Gestaltung, im Phänomen sieht, hält Altdorfer in diesen frühen Bildern fast stets sich fern.[26])

So überraschend wahr und erfreulich der Gesamteindruck dieser Landschaftsdarstellungen ist, so oberflächlich ist das Studium des Einzelnen. Die einzelnen Organismen haben weder Plastik noch stoffliche Charakteristik. So ist z. B. der Stein des Felsens oder das Holz der Baumstämme nicht in seiner stofflichen Eigenart bezeichnet.²⁷) Ein Wald, wie Altdorfer ihn sieht, ist nur eine Laubwand, bei näherer Prüfung merkt der Beschauer, dass der Künstler sich die Entstehung dieser Erscheinung aus dem Zusammenwirken der einzelnen Bäume, das Verhältnis der Blätter zu den Zweigen, der Zweige zum Stamm, kurz alles, was hinter und unter dem gerade Sichtbaren liegt, nicht klar gemacht hat. Eigentliche Studien fehlen unter den Handzeichnungen des Meisters.

Mit der kirchlichen Malerei war der Lehrberuf verknüpft. Ob dramatisch bewegt, ob in repräsentierender Ruhe, jedenfalls deutlich eindringlich und unmittelbar verständlich musste die Darstellung sein, sollte sie ihre Bestimmung in der — meist noch ziemlich dunkelen — Kirche erfüllen. Die fränkische Malerei kam diesen ersten Forderungen nach; für Dürer wurden sie Antrieb zur psychologischen Vertiefung, zum Herausarbeiten des Dramatischen, zur scharfen Charakteristik des Ausdrucks.

Altdorfer scheint nie daran gedacht zu haben, ob er den Gegenstand auch nur verständlich, geschweige scharf und markant, darstelle. Er sieht seiner Aufgabe nicht fest ins Auge, er bricht die Pointe ab, er sucht die Wirkung außerhalb des Themas. So wurde auf dem Berliner Bild von 1510 der Brunnen zur Hauptsache. Zumal dort, wo dramatische Handlung oder psychologische Charakteristik gefordert wird, weicht unser Meister naiv unbedenklich aus, er giebt dann etwas anderes, ein Zustandsbild etwa anstatt des Ereignisses. Dem Geraden, Strengen, Großen abhold, verzettelt er die einheitliche Handlung in eine Anzahl kleiner spielerischer Motive.

Gemalt sind diese frühen Bilder keck, schnell, wenig vertreibend, so dass die Pinselführung zu Tage liegt.²⁸) Die Unterlage besteht meist aus warmen, dunkelen, lasierend aufgetuschten Tönen, Schwarzgrün beim Laub, dunkles Rotbraun am Erdboden u. s. w. Die feineren Formen werden sodann sehr pastos mit heller Deckfarbe mit spitzem zeichnenden Pinsel aufgesetzt. Besonders zu beachten ist die strichelnde, zeichnende Angabe fast aller Formen, besonders des Laubes. Da gerade die Technik durch das Format wesentlich bestimmt wird, so mag man nicht Dürers große Gemälde, sondern das kleine Crucifix in Dresden zur Vergleichung heranziehen. Dürers Malweise erscheint der Altdorfers diametral entgegengesetzt. Bei dem Berliner Gemälde von 1510 ist etwas weniger als bei den übrigen betrachteten Bildern mit spitz zeichnendem Pinsel gearbeitet, aber das sehr charakteristische kecke, unvermittelte, pastose Aufsetzen der Lichter mit Deckfarbe ist hier ebenfalls zu finden. Die originelle, pikante Wirkung, der geistreich bewegliche Eindruck wie von zitterndem Lichtspiel geht von der Malweise aus, die zugleich wohl geeignet ist, die Schwächen der unsicheren Zeichnung zu verhüllen.

Mangelhaft in der That ist die Zeichnung in diesen Jahren.[29]) Gröbliche Verzeichnungen bei der Wiedergabe des menschlichen Körpers sind häufig; die Gröfsenverhältnisse der Körperteile zu einander sind mehr als einmal ganz verunglückt. So ist der Oberschenkel der sitzenden Frau auf dem Bilde der Satyrfamilie viel zu lang; die Vermittlung von Hals und Brust des heiligen Hieronymus auf dem anderen Berliner Gemälde ist vollständig misslungen. Nicht konstante falsche Gewöhnungen des Manieristen machen sich bemerkbar, eher die beweglichen Fehler des unsicher suchenden Anfängers. Von bewusster Kenntnis, vom Studium der Anatomie oder der Proportionen ist nicht eine Spur zu entdecken. Die meisten Gestalten erscheinen zu hoch, ziemlich mager, haltlos, von unfestem Stand; der Kopf sieht zu klein aus, besonders bei sitzenden und knieenden Figuren.[30]) Das Nackte ist ganz allgemein, ohne Verständnis des inneren Baues, ohne Angabe der Einzelheiten behandelt. Der Stich B. 25 von 1506 stellt eine nackte Frau dar, die sich mit einer Fruchtschale zu doppelter Verlockung zwei Einsiedlern naht. Vermutlich wollte der Künstler einen vollkommen schönen weiblichen Körper darstellen. Die eckige überaus dürftige Gestalt, die eher männliche als weibliche Formen im Umriss hat, giebt Zeugnis von vollständiger Hilfslosigkeit solchen Aufgaben gegenüber. Stets besonders stark verzeichnet sind auch die Hände.

Der Kopftypus, wenngleich recht schwankend, zeigt wenigstens einige feststehende Eigenschaften: stark erhöhten Hinterkopf, zurückweichendes energieloses Kinn, eng aneinandergerückte Augen, die sehr flach im Kopfe liegen. Eine durch die Augen gehend gedachte Horizontale zerlegt den Kopf in seine Hälften und in dieser Höhe hat der Kopf in der Seitenansicht meist eine merkwürdige Einschnürung. Die Einzelformen des Kopfes sind schwach entwickelt, klein, unreif, knospenhaft. Die Augenbrauen stehen einige Male schräg zur Nase herab. Der Ausdruck ist stumpf, unbestimmt, mitunter blöde. Das Haar — auf den Gemälden gern flachsig blond — hängt kurz, dünn, ungelockt, ungeordnet in einzelnen Strähnen lasch herab; die einzelnen Haare sind nicht bezeichnet.

Dem Kolorit eigen ist eine fast der Einfarbigkeit genäherte Harmonie; zu Gunsten des Gesamttons, der sehr warm ist, werden die Lokalfarben stark beschränkt. Die Landschaft bestimmt auch koloristisch den Eindruck, den die Gewänder der Gestalten mit ihren Lokalfarben kaum noch modifizieren. Die Auffassung, die den Menschen nur als einen Teil des Naturganzen neben anderen, gleichberechtigten Teilen sieht, tritt auch im koloristischen Eindruck hervor. So sind die Gewänder des Hieronymus und Franciscus von weißlichem Ton, der nur im Schatten ins Bräunliche geht, und die Wahl der betreffenden Töne ist durch die Rücksicht auf die umgebenden Farben der Landschaft geleitet. Charakteristischer Weise fällt solchen Rücksichten sogar das Braun der Ordenstracht zum Opfer. Der Gegensatz von Hell und Dunkel ist ein größerer Faktor der Wirkung als der Gegensatz der verschiedenen, sehr gebrochenen, sehr diskreten Lokalfarben. Als einzige, einigermaßen intensive Farbe wird gegen die Töne der Landschaft ein stumpfes, bräunlich abgetöntes Lackrot gesetzt (mattes Kirschrot), das größere Flächen jedoch nicht in Anspruch nimmt. Dieses Rot bleibt den frühen Bildern charakteristisch und spielt eine wichtige Rolle noch auf dem Berliner Bild von 1510, während daneben nun hier eine etwas größere Farbigkeit beginnt. Ein sanftes Lichtblau, ein helles Citrongelb fügen sich vorsichtig der Harmonie ein, ihre Farbkraft wird im Licht und im Schatten sehr stark vermindert.[31]

Unsere Beobachtungen gaben leider nicht den geringsten Anhalt zur Auffindung des „bestimmenden Einflusses" der Dürerschen Kunst. Trat diese Einwirkung, von der so oft die Rede ist, erst nach 1511 ein, so darf sie keinesfalls noch „bestimmend" genannt werden. Denn Altdorfers Kunst ist ausgeprägt und in allem Wesentlichen fertig von Anfang, seit 1506, da wir zuerst sie kennen lernen. Wir blicken noch einmal zurück mit der Frage, wo kann ein Forscher Dürers Spuren erblickt haben?

Vielleicht schloss man einfach vor Dürers trefflichen Landschaftsstudien (Handzeichnungen): Altdorfer, der die Landschaftsdarstellung mit besonderer Vorliebe ausbildete, müsse ein Schüler Dürers gewesen oder zum mindesten durch Dürer zum Naturstudium angeregt worden sein. Das Ungenügende solchen Schlusses wäre ohne weiteres offenbar. Wo im Norden zu Anfang des 16. Jahrhunderts tritt die Freude an der Landschaft nicht hervor? Dass Dürer, der mit schärferem Auge in die Welt sah als irgend einer der Zeitgenossen, uns ganz besonders vortreffliche Landschaftsstudien hinterliefs, versteht sich von selbst. Uebrigens kommen die gedruckten Blätter zuerst, Handzeichnungen zuletzt in Betracht, wenn es sich um Dürers Wirkung auf die gleichzeitige Kunst handelt. Spezielles Eigentum der fränkischen Malerei ist die Voliebe für die Landschaft keineswegs. Und man sieht in den Arbeiten der Künstler, deren Ausbildung in der That unter der Einwirkung Dürers sich vollzog, also Schäufeleins, Kulmbachs, der Beham, dass im Schatten des grofsen Meisters die Landschaftsmalerei durchaus nicht besondere Pflege genoss. In der Art ist Dürers und Altdorfers Landschaft ganz verschieden, dort wesentlich Prospekt, sich in der Fläche aufbauende Hintergrundlandschaft, [32]) hier vor allem räumliche Auffassung und Ausbildung der Vordergrund- und Mittelgrundlandschaft.

Eher noch — scheint mir — liefse sich an einer anderen Stelle die Verbindung herstellen. Freie, unkirchliche, rein menschliche, gar humoristische Auffassung der Engel als Spielkameraden des Christkindes, idyllische, gemütvolle Kinderstubenpoesie fanden wir in Altdorfers frühen Werken. Diese Errungenschaft steht unter den Ruhmestiteln Dürers. Er hat zweifellos die köstlichsten Aeusserungen dieser Auffassung hinterlassen. Die Uebereinstimmung ist allgemeiner Art, bestimmte Motive Dürers kehren bei Altdorfer nicht wieder. Wohl möglich erscheint, dass unser Meister durch die Betrachtung von Holzschnitten Dürers zu seiner heiteren Darstellung der Engelbuben und ihres Treibens kam, möglich, doch nicht notwendig. Denn auch bei Altdorfer steht jene Auffassung in natürlichem Zusammenhang mit dem Kerne der künstlerischen Individualität, und am Ende sieht man nicht, warum dieselben inneren Kräfte und Mächte — germanische Auffassung, der Geist der Zeit und was man sonst anführen mag — in beiden Künstlern nicht zu demselben Ergebnis thätig gewesen sein sollen.

Ein Ausweg scheint sich zu bieten, durch den wir wenigstens einigen Schwierigkeiten entrinnen könnten. Altdorfer war in Regensburg nicht nur als Maler, Kupferstecher, Zeichner für den Holzstock thätig, auch als Baumeister. Vielleicht war die Jugendzeit mit der Ausbildung des Architekten ausgefüllt, vielleicht wandte Altdorfer sich erst 1506 etwa in „dilettantischer" Weise der Malerei zu, die dann etwa nach und nach mehr Raum in seiner Thätigkeit einnahm.[32]) Solche Annahme, die gar nicht übel das Gesamtbild der künstlerischen Thätigkeit erklären würde, ist entschieden abzuweisen, weil sie allen urkundlich bekannten Thatsachen widerspricht.

Auf dem Grabstein wird Altdorfer als „paumeister" bezeichnet; da er 1505 in Regensburg einzieht, wird er „maler" genannt. Die Aufträge, die er von der Stadtverwaltung empfing, sind gut bekannt. Bereits 1509 zahlt der „Rat" einen Geldbeitrag für ein Altarwerk des Meisters, das im Chor von St. Peter aufgestellt wird. Nie vor 1526 wird der Künstler als Architekt in Anspruch genommen, stets als Maler und Zeichner, während dann seit 1526 die Thätigkeit des „Stadtbaumeisters" gut zu verfolgen ist. Noch 1520, scheint es, stand Altdorfer der Architektur fern. An dem wichtigsten künstlerischen Unternehmen in dem Regensburg dieser Zeit, der Erbauung der heutigen Neupfarrkirche — über die Baugeschichte sind wir genau unterrichtet — nahm er, der damals schon Ratsherr war, nur als Zeichner und Maler, nicht als Baumeister Anteil. Betrachten wir dann des Meisters erhaltene Werke, ob und wie in ihnen sich etwa das Verhältnis ihres Urhebers zur Architektur spiegele. Die künstlerische Art im allgemeinen verrät gewiss nicht eine Schulung in den strengen Gesetzen der Baukunst. Die vereinzelt und anspruchslos zurückgehalten in den frühen Werken des Künstlers dargestellten Baulichkeiten gehören vorzugsweise dem romanischen Stil an, während die Spätgotik, in deren Banne die Ausbildung des Architekten um die Wende des 15. Jahrhunderts erfolgt wäre, selten, ohne besonderes Interesse oder Verständnis verwendet wird. Wir verfolgen deutlich Schritt für Schritt, wie erst das Eindringen der Renaissanceformen das Interesse für die Baukunst wachruft und steigert, und, wenn wir endlich auf einem Gemälde des Jahres 1526 einen prachtvollen, mit gröfster Liebe und Sorgfalt dargestellten Renaissancepalast anspruchsvoll in den Vordergrund geschoben erblicken, so staunen wir nicht bei der Kunde, dass in eben diesem Jahre dem Künstler das Amt des Stadtbaumeisters von Regensburg übertragen wurde. Die Renaissancebewegung warf vielfach die Schranken nieder, die zwischen den verschiedenen Kunstübungen standen und konnte um so eher den Maler berechtigen, sich an architektonische Aufgaben zu wagen, als eben die graphische Kunst in vorderster Reihe die neuen architektonischen und ornamentalen Formen nach Deutschland brachte. Wie die deutsche Renaissancearchitektur selbst kam auch dieser Renaissancearchitekt, der auf seinem Grabstein sich „paumeister" nennt, von den zeichnenden Künsten her.[34]) Das Umgekehrte ist sicher nicht der Fall.

Da wir als höchst wahrscheinlich annahmen, dass Altdorfer in Regensburg geboren und aufgewachsen ist, da wir sehen, wie leicht und schnell seine Kunst in dieser Stadt zu Erfolg und Ehren kommt, so ist die Frage am Platz: sind Keime, Ansätze eben dieser Kunst, die von der fränkischen Art abweicht wie von der schwäbischen, vielleicht in der älteren Malerei Regensburgs?

Die Tafelmalerei, wie sie gegen das Ende des 15. Jahrhunderts im Norden des alten Bayern geübt wurde, scheint in Vergleichung mit den gleichzeitigen Leistungen der Franken und Schwaben im allgemeinen einen gröberen, mehr konservativen, handwerksmäfsigen Charakter besessen zu haben.[35]) So weit wir sehen, führt von dieser, in der Auffassung herb karikierenden Malerei, die im eigentlich künstlerischen, zumal im Malerischen grobkörnig und primitiv ist, kein Weg zu Altdorfer hinüber.

Der einzige ältere Regensburger Maler, von dem wir eine Vorstellung besitzen, ist Berthold Furtmayr. Furtmayr war

Miniaturenmaler. Er lebte in Regensburg nachweislich 1476 bis 1501.[36]) Vielleicht ist es Zufall, dass gerade der Name eines Miniaturmalers uns erhalten ist, während wir von gleichzeitigen Regensburger Tafelmalern so viel wie nichts wissen; vielleicht ist es doch mehr als Zufall und Anzeichen, dass am Ende des 15. Jahrhunderts Bedeutung und Ruhm der Regensburger Kunstübung eher in der Miniatur- als in der Tafelmalerei lag.[37]) Furtmayr erscheint als der bedeutendste Miniaturenmaler in der 2. Hälfte des 15. Jahrhunderts in Oberdeutschland. Wenn irgendwo, waren in Regensburg die Bedingungen günstig für eine Einwirkung der Buchmalerei auf die Tafelmalerei des 16. Jahrhunderts.

Einige der beobachteten Eigenschaften der frühen Kunst Altdorfers und gerade die auffallenden liefsen sich recht wohl durch die Annahme eines mehr oder minder engen Zusammenhangs des jugendlichen Meisters mit der Miniaturmalerei erklären. Wir erinnern besonders an das von Anfang merkwürdig kleine Format der Bilder, an die ersichtliche Unfähigkeit, Figuren im gröfseren Mafsstab zu zeichnen, an das im Gebiet der Tafelmalerei, die bisher wesentlich kirchliche Malerei war, unerhörte Hervortreten der Landschaft, an die Behandlung der Gestalten fast als Staffage, an den Mangel monumentaler oder statuarischer Haltung, an die kleinliche, ins Breite gehende Auffassung, an die wenig eindringliche Erzählung.[38])

Die ersten Ansätze der Landschaftsmalerei in Deutschland findet man in der Buchmalerei und zwar in einer Zeit, da die deutsche Tafelmalerei sich des Goldgrundes noch bediente. In einem Buche, das im Jahre 1414 zu Metten geschrieben ist, sind kleine Bilder von entschieden landschaftlichem Charakter.[39]) Bei Haendke findet man eine recht genaue Beschreibung dieser primitiven Versuche, aus denen die Freude an der Natur leise aber wohl vernehmbar heraustönt. Besonders beachtenswert mag die Lust an räumlicher Vertiefung sein. Der Maler kann sich nicht genug thun, immer eine Bergkette im Grunde des Bildchens hinter der anderen in stets blasseren bläulichen Tönen auftauchen zu lassen. Merkwürdiger noch vielleicht ist die Vorahnung von Beleuchtungseffekten, wenn der Maler die goldenen Strahlen der auf- oder niedergehenden Sonne hinter einem Berge hervorbrechen lässt. So zaghaft und unbedeutend an sich diese ersten Schritte der deutschen Landschaftsmalerei sind — Haendkes Worte können eine Ueberschätzung veranlassen —, so wichtig sind sie im kunsthistorischen Zusammenhang. Die Landschaftsdarstellung scheint im Verlaufe des 15. Jahrhunderts in der Buchmalerei regelmäfsig und selbständig von der Tafelmalerei sich weiter entwickelt zu haben. Als mehr und mehr durch den Buchdruck, den Holzschnitt die Kunstübung der Miniaturmaler eingeschränkt wurde, zogen sie sich dorthin zurück, wohin der Holzschnitt nicht zu folgen vermochte: auf das Gebiet der Landschaftsmalerei. Die alternde Miniaturenmalerei wurde vornehm zur selben Zeit, da sie an Bedeutung und Verbreitung verlor; sie gehörte nun zum Luxus. Man fühlt diese Verhältnisse wohl, wenn man die von Furtmayr gezierten Bände durchmustert. Eher als die Kirchenbilder, die Altäre jener Zeit sollten diese Miniaturen das bieten, was heut „Kunstgenuss" heifst. Wir wissen, dass die Miniaturmalerei damals im Sterben lag und beschäftigen uns wenig mit ihr, weil sie als entbehrlich für das Verständnis der späteren deutschen Malerei gilt. Doch ist nicht anzunehmen, dass das 15. Jahrhundert unsere historisch berechtigte Missachtung teilte. An Achtung und Ansehen stand wahrscheinlich der Miniaturmaler neben, wenn nicht über dem Tafelmaler.

In der Wiedergabe der menschlichen Gestalt, in der Schilderung einer dramatisch bewegten Handlung kann Furtmayr die Vergleichung mit einem besseren zeitgenössischen Tafelmaler nicht bestehen, er zeigt sich da durchaus als Vertreter einer zurückgebliebenen, greisenhaft schwächlichen Kunst. Andererseits ist Furtmayr geschmackvoller, feinfühliger in bezug auf den sinnfälligen Reiz der Form und der Farbe als die allermeisten Tafelmaler jener Tage. Seine Landschaften, die äufserst sorgsam und liebevoll ausgeführt sind und einen sehr breiten Raum und fast alle Aufmerksamkeit für sich in Anspruch nehmen, zeichnen sich besonders durch zarte Luftperspektive aus.[10])

Einige kleine, enge Vorzüge vor der jungen mächtig aufstrebenden Tafelmalerei hatte die alternde Buchmalerei, sie hatte noch etwas zu vererben. Manches spricht dafür, dass Altdorfer dies Erbe angetreten hat.

Alles Gesagte in Betracht genommen und gegen einander abgewogen, vermögen wir über die Herkunft der Kunst Altdorfers nur dies zu sagen. Der Künstler steht im Jahre 1506 mit der fränkischen Tafelmalerei, insbesondere mit Dürer nicht in erkennbarem Zusammenhang, er scheint auch mit der bayerischen Altarmalerei in keiner seinen Stil bestimmenden Verbindung zu sein. Vermutungsweise kann sein nichts weniger als monumentaler Stil eher aus dem Bannkreis bayerischer Kleinkunst hergeleitet werden, etwa aus der Miniaturenmalerei, wie sie in den letzten Jahrzehnten des 15. Jahrhunderts gerade in Regensburg geübt wurde.

II.

Altdorfers Werke von 1511 bis 1521. Die Erweiterung der Kunstübung und des Stils.

Die nächsten Schritte der Kunst Altdorfers können wir in Gemälden und Kupferstichen nicht verfolgen, doch in Zeichnungen und Holzschnitten. Ein aus den Jahren 1511—1514 datiertes Bild ist mir nicht bekannt[41]; von den nicht datierten gehört keins in diese Jahre.[42]

Folgende Holzschnitte stammen nachweislich aus dem zweiten Jahrzehnt des Jahrhunderts, sie bieten Anhaltspunkte zur zeitlichen Einordnung der undatierten Blätter:

1511 B. 46. Kindermord in Bethlehem.
— B. 55. Der hl. Georg den Drachen tötend. Abb. Muther, Msterholzschn. No. 63.
— B. 60. Urteil des Paris.
— B. 63. Im Freien sitzendes Liebespaar.
1512 B. 47. Auferstehung Christi.
— B. 52. Enthauptung Johannes des Täufers. Abb. Muther a. a. O. No. 62.

Das Münchener kgl. Kab. besitzt eine kleine Holzplatte, auf der Altdorfer die Beklagung des Leichnams Christi für den Schnitt gezeichnet hat. Jedoch ist der Schnitt erst an wenigen Stellen ausgeführt, die Vollendung wurde unterlassen. Monogramm und Datum sind echt. W. Schmidt hat von diesem hochinteressantem Funde Kunde gegeben in Lützows Kstchr. 1890, p. 385. Auf der Rückseite der Platte sind einige Studien.

1513 B. 44. Die Verkündigung an Maria.
— B. 53. Der hl. Christophorus mit dem Christkind.
— B. 61. Thisbe den Pyramus beweinend.
1517 S. 54. Enthauptung Johannes des Täufers.
> Von Bartsch irrtümlich als Kupferstich (No. 18) aufgezählt, höchst selten (Albertina).

Nach 1517 hat der Meister keinen Holzschnitt mehr datiert, wie er nach 1511 keinen Kupferstich datiert hat.[43] Bei den Stichen muss die grofse Masse der undatierten Blätter des Stiles wegen von der kleinen Zahl der datierten zeitlich fortgerückt werden, anders ist das Verhältnis bei den Schnitten. Die meisten nicht datierten Holzschnitte fügen sich der Zeichnung und Ausführung nach in den durch datierte Blätter abgegrenzten Zeitraum ein. Die Thätigkeit Altdorfers war im zweiten Jahrzehnt des Jahrhunderts besonders fruchtbar für den Holzschnitt.[44]

Die Holzschnitte von 1511, zumal B. 55 (der hl. Georg) sind technisch sehr mangelhaft. Die Linie als solche tritt grob hervor und lässt eine Illusion nicht aufkommen. Gerade auf räumliche Illusion aber und auf malerischen Eindruck gingen Altdorfers Absichten. Und nach dieser Richtung bedeutende Fortschritte zeigen bereits die Blätter von 1512.[45] Schon 1513 ist die Ausführung fast allzu sehr verfeinert, beinahe dem Kupferstich in der Wirkung genähert. Die Entwicklung der Technik ist mit diesem Jahre abgeschlossen.

Folgende Holzschnitte Altdorfers, die eine Jahreszahl nicht zeigen, erscheinen mir als zwischen 1511 und 1519 entstanden:

B. 56. Der hl. Georg stehend.
> Freilich ist ein Zweifel möglich, ob diese nicht signierte Arbeit von unserm Meister ist.

B. 45. Anbetung der Hirten.
> Dies Blatt ist etwa 1516 anzusetzen. Hier kommen eigentümliche Bauformen einer sehr unreinen Renaissance vor, die sich von den weit besseren Formen des neuen Stils, in deren Besitz Altdorfer 1520 etwa ist, unterscheiden und sonst in seinen Werken kaum zu finden sind.

B. 54. Der hl. Christophorus sich bückend, um das Christkind aufzunehmen.

Ziemlich primitive Arbeit.

B. 58. Der hl. Hieronymus vor dem Crucifix. Seltenes Blatt (München, Staatsbibl.)

Die unbedeutende Darstellung selbst bietet kaum Anhaltspunkte zur Datierung; die von einer besonderen Platte abgedruckte dekorative Umrahmung zeigt Formen, die sonst bei dem Regensburger Meister kaum vorkommen, die auffallend an Dürers eigenartige Umprägung der italienischen Schmuckformen erinnern. Etwa 1516 entstanden.

B 57. Der hl. Hieronymus in der Höhle. Nachschnitt bei R. Weigel, Holzschnitte, No. 23.

Durch seine geschlossene, bildmäfsige Gesamtwirkung, durch die mannigfachen, mittelst engster und feinster Kreuzschraffierung erreichten Lichtabstufungen ist dieser Schnitt nach Seite der technischen Verfeinerung die vollkommenste und schönste Arbeit Altdorfers. Um 1514 am ehesten scheint dies Blatt entstanden zu sein.

B. 1—40. Der Sündenfall und die Erlösung. Folge von 40 Blättern.

Facsimile-Reproduktion in Hirths Liebhaber-Bibliothek alter Illustratoren XII.

Dies Hauptwerk des Meisters im Holzschnitt steht technisch dem zuletzt genannten Blatt sehr nahe. Um die Mitte des Jahrzehnts ist die Folge ungefähr entstanden.

B. 62. Fahnenträger stehend im Freien.[46])

Die Wirkungen, die Altdorfer in den Holzschnitten der Sündenfall-Folge erzielt, waren leichter und reiner im Kupferstich zu erreichen. Schon die winzigen Mafse sind dem Holzschnitt, wenigstens dem Holzschnitt des 16. Jahrhunderts nicht stilgerecht. Es ist, als wollte der Künstler die Erinnerung an die Entstehung des Holzschnittbildes aus Kontur und Schraffierung tilgen, hellere und dunklere Flächen allein zu einer bildmäfsigen Erscheinung, zu räumlicher Illusion vereinigen. Allein bei dem kleinen Format[47]) und bei der zu jener Zeit doch immer begrenzten Feinheit der Schnittausführung stehen die hellen und dunkeln Flächen mehr oder minder fleckig, unvermittelt nebeneinander. Ueberscharf erscheinen die Lichtkontraste, dem Eindruck nach gehen die allermeisten Szenen in dunkeln Räumen oder bei Nacht unter unruhiger, greller, künstlicher Beleuchtung vor sich. Freilich mag damit unser Meister wohl zufrieden gewesen sein — wenn es irgend der Gegenstand gestattet, deutet er die künstliche Beleuchtung durch Kerzen oder dergl. in den dunkeln, kellerartigen Räumen an — und er kommt einige Male zu geschlossenen Helldunkeleffekten, die fast an Radierungen Rembrandts erinnern, und innerhalb des Holzschnittes im 16. Jahrhundert kaum Analogien haben.

Der bildmäfsigen Gesamterscheinung opfert Altdorfer leichthin Feinheiten der Form, ganz zu schweigen von der Durchbildung der Köpfe und des Ausdrucks. Fast stets sehr glücklich entwickelt ist der Raum, der Ort des Vorgangs, sei er Landschaft oder architektonischer Innenraum, und die Figuren sind vortrefflich, merkwürdig naturalistisch eingeordnet — mit Ausnutzung der Tiefe selbst bei diesen winzigen Blättern. Die Architektur hat wesentlich romanische äufserst einfache, plumpe, schwere, untersetzte, keller- oder kryptenartige Formen, Tonnen- und Kreuzgewölbe, wenige und kleine Lichtöffnungen.

Wohl zweifellos fasste Altdorfer den Gedanken seiner Sündenfall-Folge bei der Betrachtung der „Passionen" Dürers. Die Zahl 40 der Blätter entspricht ungefähr der „kleinen Passion" Dürers, die nahezu denselben Stoff in 37 Darstellungen entwickelt. In zwei Fällen vermögen wir übrigens den Nachweis zu führen, dass Altdorfer Dürers „gedruckte Kunst", die gerade zwischen 1510 und 1515 ihre höchste Kraft und Fülle entfaltete, sorgsam studiert und benutzt hat. Im Besançoner Gebetbuch[48] kopierte unser Meister das Nashorn nach dem bekannten Holzschnitt Dürers und den gelagerten Löwen nach dem berühmten Kupferstich Hieronymus im Gehäus. Was uns hier am meisten interessiert, ist das Datum dieser Beziehung zwischen den beiden Meistern: 1515.

Die Holzschnitte der Jahre 1511—1517 lehren, dass Altdorfers Auffassung in dieser Zeit über die von Natur sehr engen Grenzen hinaus will. Man vergleiche Georgs Kampf mit dem Drachen auf dem Münchener Gemälde von 1510 einerseits und auf dem Holzschnitt B. 55 von 1511 andererseits. Jetzt erzählt der Meister klarer, bestimmter, eindringlicher als früher, er giebt mehr Aktion, mehr Bewegung, er versucht sich gar in sprechenden Gesten (in der Sündenfall-Folge), fasst das Wesentliche des Vorwurfs besser ins Auge und geht dem Dramatischen nicht mehr scheu aus dem Wege. Die Formenauffassung ist plastischer, bestimmter, kühner geworden, sogar die Faltengebung ist mannigfaltiger, mehr verstanden, mehr scharfbrüchig.

Ich zweifle nicht, dass dieses Neue unter der Anregung von Nürnberg her zum Teil entstanden ist — zum andern Teil aus der natürlich von selbst wachsenden Sicherheit und Freiheit des jungen Künstlers. Die Anregung von aufsen aber für einige der neuen Absichten ist um so wahrscheinlicher, als sie nicht eigentlich in der Individualität des Meisters wurzeln und nur vorübergehend, eben in dem zweiten Jahrzehnt, bemerkt werden.

Aeufsere Anzeichen weisen darauf hin und die Stilvergleichung bestätigt es, dass Altdorfer weder vorher noch nachher der Kunst Dürers so nahe stand wie in den Jahren 1511—1519. Der Regensburger Meister kommt nicht von Dürer her, 1506, da wir ihn zuerst kennen lernen; vielmehr er bewegt sich zu Dürer hin im zweiten Jahrzehnt des Jahrhunderts — während dann im dritten Jahrzehnt seine Wege weit fort von dem grofsen Nürnberger führen.

Die Anregungen von Nürnberg werden ausschliefslich durch die „gedruckte Kunst" vermittelt, sie berühren die Malweise und das Kolorit nicht im geringsten.

Lehrreich ist eine Vergleichung der Sündenfall-Folge Altdorfers mit Dürers „kleiner Passion". Auf Altdorfers Seite ist nicht selten der Vorzug einer wohlgefälligen, gerundeten, bildmäfsigen Anordnung, während der Künstler freilich trotz einiger Bemühung auch nach dieser Richtung die eindringliche Schärfe der äufseren Vorgänge, geschweige die psychologische Vertiefung bei Dürer nicht von fern erreicht. Dürer, dem in erster Reihe daran gelegen ist, den inneren Gehalt des Vorgangs in den Menschengestalten, ihren Bewegungen, ihren Beziehungen zu einander herauszuarbeiten, verliert gelegentlich die Gesamterscheinung aus dem Auge. Seine mächtigen, gleichsam nach vorn drängenden Gestalten scheinen öfters den Blattrahmen sprengen zu wollen. Ganz anders Altdorfer, der den Gesamteindruck vor Augen, ein wohlgefälliges Verhältnis der Blattform und der Blattgröfse zu den Figuren stets bewahrt und auf räumliche Illusion um keinen Preis verzichtet, selbst nicht um den Preis der Klarheit und Schärfe. Wichtig ist, dass der grundsätzliche Unterschied zwischen den beiden Meistern, die abweichende Auffassung des Raumes und des Verhältnisses der Figuren zum Raume auch hier noch deutlich bleibt, wo Altdorfers Kunst in ihrem Laufe am meisten der Centralsonne sich genähert hat.

Von den Kupferstichen kann nur einer, B. 22 mit ausreichender Begründung in diese Zeit angesetzt werden. Dargestellt ist der hl. Hieronymus, der an einer Mauer entlang nach vorn schreitet, hinten sieht man eine romanische Kirchenfassade. Die hohe, sehr schlanke Greisengestalt ist gut gezeichnet; merkwürdig, selten bei unsern Künstler und nur in diesen Jahren möglich, ist das verwickelte Bewegungsmotiv — der Heilige schreitet gerade eine Stufe herab. Wegen seiner Technik steht das Blatt ziemlich isoliert unter den Stichen des Meisters, die Arbeit ist frei und fest, aber nicht sehr farbig. Abgesehen von allem anderen schliefsen schon die schlanken Proportionen die Entstehung des Blattes nach 1520 aus. Um 1516 wird der Stich annähernd richtig anzusetzen sein.

Die überwiegende Mehrzahl der Zeichnungen, die uns von der Hand Altdorfers erhalten sind, stammt aus den Jahren 1511—1517. Die Hälfte etwa mag aus dieser Zeit datiert sein, während von den undatierten Zeichnungen die allermeisten in eben diese Zeit gehören. Spätere Datierungen aber kommen nur ganz vereinzelt vor. Nach Format, Auffassung, Formenbehandlung gehen die Zeichnungen Hand in Hand mit den meist gleichzeitigen Holzschnitten und stehen in bestimmtem Gegensatz zu den Kupferstichen, die — fast sämtlich — früher (1506—1511) oder später (1520—1530) entstanden sind. Altdorfers Handzeichnungen sind nicht Studien oder Entwürfe — seine oft feinfühlige aber doch naiv leichtsinnige, oberflächliche, genügsame Naturbeobachtung verzichtete wohl meist auf Studien und Entwürfe — vielmehr fertige, für den Käufer bestimmte Kunstwerke, für den Käufer wohl, dem „gedruckte Kunst" nicht vornehm genug schien. Diese Bestimmung lässt begreifen, dass der Meister nachweislich in zwei Fällen eine eigne Arbeit genau wiederholte.[49]) Wie die gedruckten Blätter weit reiner und treuer als Gemälde, die selten im allgemeinen Gegenstand privater Kunstfreude waren, spiegeln Zeichnungen das Denken und Fühlen jener Tage; nur wird man in ihnen mehr als in den Holzschnitten und selbst in den Kupferstichen die Lieblingsvorstellungen, Neigungen und Kenntnisse der höheren, vom humanistischen Geiste leicht berührten Stände suchen.

Fast alle Zeichnungen Altdorfers sind in der sog. Helldunkeltechnik (ein fataler, doppeldeutiger Ausdruck!) ausgeführt, wodurch diese für den Handel oder doch für Käufer bestimmten Blätter einige von den Wirkungsmitteln des Gemäldes erhalten. Die Umrisse, die Innenzeichnung und wohl auch ein wenig Schraffierung sind mit dunkler Farbe auf farbig grundiertem Papier durch den Pinsel aufgezeichnet (oder durch die Feder; es ist nicht in allen Fällen zu entscheiden) und dann ist das ganze Blatt mit spitz zeichnendem Pinsel, mit weißer Deckfarbe überarbeitet. Diese Zeichnungsart war in Deutschland, besonders im zweiten Jahrzehnt des 16. Jahrhunderts sehr beliebt. Absicht und Sinn dieser Behandlungsweise ist offenbar die stärkere Plastik, die durch das Aufhöhen des Lichtes mit Deckweiß erreicht wird. Dieses Zweckes bleiben Dürer und Baldung, die größten Meister dieser Technik, sich stets bewusst, ob Dürer mit breiterem Pinselstrich zuweilen ganze Flächen von Deckweiß auflegt, ob Baldung mit spitzem Pinsel zeichnend ein haarfeines Gewebe weißer Linien und Häkchen mit spielender Virtuosität über die beleuchtete Fläche breitet. Ganz anders bei Altdorfer. Er bevorzugte die sog. Helldunkeltechnik nicht so sehr wegen der kräftigen Modellierung, die sie gestattete — daran lag ihm nicht allzu viel —, ihm gefiel der farbige Reiz, der Stimmungseffekt, der sich hier ganz leicht erreichen ließ.[51])

Man beachte, mit wie mannigfachen, oft sehr intensivfarbigen Tönen Altdorfer die Blätter grundierte, wie der zu Grunde liegende Farbton den Eindruck wesentlich mitbestimmt, während bei Dürer und Baldung die Farbe der Grundierung für die Wirkung meist indifferent ist. Wenn Dürer und Baldung mittelst der Helldunkeltechnik dem Relief näher kommen wollen, nähert Altdorfer sich der Malerei. Sehr oft zieht er die Konturen mit Deckweiſs nach und geht damit von dem Prinzip des Aufhöhens ab. Er bringt die weiſse Farbe auch an Bäume und Baulichkeiten des Mittelgrundes, die nun für den Eindruck nach vorn treten und die Körperlichkeit der Gestalten des Vordergrundes arg gefährden. Baldung und Dürer wenden wohlweislich die Technik vorzugsweise bei Darstellungen ohne Landschaft an. Die letzte Konsequenz von Altdorfers willkürlicher Behandlung zeigt eine Berliner Zeichnung[52] vom Jahre 1512. In diesem, für unsern Meister ungemein charakteristischen Blatt ist genau das Gegenteil von dem erreicht, was der ursprüngliche Zweck der Helldunkeltechnik ist. Der Künstler hat hier wunderlicherweise fast nur mit weiſser Farbe auf dem dunkeln Grund gezeichnet, sein Weiſs nicht für die Lichtflächen aufgespart, sondern alle Konturen und die Innenzeichnung, selbst bei den Baulichkeiten und den Wolken am Himmel mit Weiſs gezogen. Der Eindruck ist wahrhaft magisch. Ohne Zauberei kann es wenigstens unter unserer Sonne nicht geschehen, dass das Licht statt die Flächen zu treffen sich die Mühe macht, alle Konturen aufleuchten zu lassen. Und doch hat der Künstler seine Absicht in diesem übrigens ganz besonders sorgsam gearbeiteten Blatt vollkommen erreicht. Seine naive, kindliche Freude am Sonderbaren ergötzte sich unbedenklich auch auf Kosten der Naturwahrheit. Die strenge Pietät vor der Natur war ihm fremd, wenn gleich er oft mit gröſstem Glück gerade die einfache Naturerscheinung wiedergiebt, sobald dieselbe ihm reizvoll erscheint und ihm ohne eingehendes Studium zugänglich wird. Naturalist aus Prinzip und mit Bewuſstsein war Altdorfer nicht, es kostete ihm keine Ueberwindung die Mutter zu verleugnen, wenn er heitere oder bizarre Vorstellungen einer kindlich mit Glanz und Farbe spielenden Phantasie zur Erscheinung bringen wollte, aber mindestens ebenso oft hat er schlicht und rein wiedergegeben, was er gesehen hatte, und die üblich gewordene Bezeichnung „phantastisch", bei der es ohne die Nebenbedeutung der Manier nicht abgeht, passt durchaus nicht für die Kunst des Regensburgers in ihrer Gesamtheit.

Einen ganz regelmäſsigen Fortschritt von Jahr zu Jahr lassen die Handzeichnungen nicht erkennen; da der Grad der aufgewendeten Sorgfalt sehr verschieden ist, scheint mehr als ein Mal das frühere Blatt vollkommener als das spätere. Im allgemeinen ist eine Entwickelung innerhalb dieses Zeitraumes (1511—1517) wohl zu bemerken, ein Fortschritt zu gröfserer Freiheit und Sicherheit in der Darstellung des menschlichen Körpers, zumal des bewegten menschlichen Körpers. Die Landschaft, die sehr oft den Eindruck bestimmt, zeigt keine eigentliche Entwickelung. Altdorfer stellt am liebsten das Innere eines Tannenwaldes dar. Mit Charakteristik der Baumart giebt er sich jedoch in diesen Jahren keine sonderliche Mühe. Meist sind die Bäume aufserordentlich hoch und schlank, und das wilde Grün hängt von den Zweigen ganz lang, fadenartig herab oder kräuselt sich gleich riesigen Straufsenfedern. Oft scheint es wegen des überall aufgestreuten Deckweifs, als sei die ganze Landschaft mit Schnee bedeckt oder vom Mond beleuchtet.

1512 zeigt der Künstler sich überraschend günstig[53] — aus dem Jahre stammen besonders viele datierte Zeichnungen. Wir beobachten beträchtliche Fortschritte gegen 1510 und 1511 in der Darstellung der menschlichen Figur. Die Gestalten erscheinen jetzt etwas breiter, nicht mehr ganz so hoch wie früher, die Proportionen sind mehr naturgemäfs, die Beine kräftiger, das Stehen fester. Dann, 1513 und 1514 scheint der Künstler im wesentlichen nicht weiter gekommen zu sein. In der zweiten Hälfte des Jahrzehnts werden die Zeichnungen kühner, leichter, flüchtiger, in der Auffassung kräftiger, anspruchsvoller, mitunter selbst dramatisch; die menschliche Gestalt wagt sich wenigstens etwas mehr als früher aus der Tiefe des Raumes hervor. An Stelle einer etwas ängstlichen, mitunter kleinlich subtilen Ausführung tritt bei wachsender Sicherheit des Künstlers eine keck gelockerte Kontur, die zuweilen wunderlich verschnörkelt erscheint. Von der Formensprache im einzelnen, von dem Kopftypus, dem Ausdruck u. s. w. gelten noch fast alle oben (im Abschnitt I) mitgeteilten Beobachtungen.

Ein besonderes Interesse nehmen die acht Seiten des Besançoner Gebetbuches[54] in Anspruch, die Altdorfer geziert hat; nicht als ob sie besonders vortrefflich erschienen. Eine so günstige Gelegenheit, unsern Meister zu vergleichen mit einer gröfseren Zahl der zeitgenössischen deutschen Künstler, die zur selben Zeit (1515) an derselben Aufgabe thätig waren, bietet sich nicht zum zweiten Male. Die Künstler des Gebetbuches neben unserm Meister sind A. Dürer, Cranach d. ä.[55]) (München), dann Hans Dürer, der rätselhafte M. A.[56]), Burgkmair, Baldung (Besançon). Dürer hat in seinen bekannten, köstlichen Federzeichnungen für die besondere Aufgabe einen eigenen Stil einrahmender Flächendekoration geschaffen, eine geniale Umbildung — zugleich Schlussaccord — der mit der Schreibkunst verbundenen echt germanischen Buchmalerei. Hans Dürer erscheint als Nachahmer des Bruders. Ganz anders als die Nürnberger haben die Schwaben die Aufgabe gelöst, Burgkmair, M. A., Baldung; fern jenem flächendekorierenden, germanischen Kalligraphenstil, hielten sie sich minder streng an den gegebenen Raum (4, mehr oder weniger schmale Leisten), liefsen nach Belieben grofse Flächen leer. Sie suchen, so gut es gehen will, bildmäfsig geschlossene Darstellungen dem Text beizugeben. Sie begriffen nicht wie Dürer die besonderen Forderungen der Aufgabe; am wenigsten Baldung[57]), der auf alles Dekorative verzichtet und sich auf wenige mit grofsartiger Einfachheit gezeichnete Figuren beschränkt. M. A. bringt noch am meisten Dekoratives von den schwäbischen Meistern: sehr reine und wohl verstandene Renaissanceformen, auf einem Blatt (Tf. XXVI) eine der italienischen Hochrenaissance würdige, prachtvolle Volutenranke. Man fühlt in den Arbeiten der Schwaben den Zwang, den der nicht recht zeitgemäfse Wunsch des Kaisers ihrer Kunst auferlegte.

Und Altdorfer? Er schliefst in der Absicht sich unbedingt an Dürer an. Uebrigens scheint er auch Baldungs Gebetbuch-Zeichnungen, wenigstens Tf. VIII gekannt zu haben, da er den prachtvollen Weinstock aus dieser Zeichnung Baldungs auf Tf. VII nachzuzeichnen sich müht. Sonst aber hielt er sich gar nicht an Baldung, vielmehr nur an Dürer; die grofsen, einfachen, sichern Formen des Schwaben mögen ihm ganz fremd und unerreichbar gewesen sein. Die Dekorationsformen der italienischen Kunst, die einigen schwäbischen Künstlern um 1515 schon ganz geläufig waren, sind dem Regensburger noch fremd. Dies ist das Wichtigste, was die Besançoner Blätter in betreff Altdorfers lehren. Seine mit auffallend geringem Verständis ausgeführte Ornamentik ist weiter nichts als eine unbeholfene Nachahmung des Dürerschen Dekorationsstiles. Dürer hatte mit genialer Erfindung, aber mit wenig ausgebildetem Sinn für die eigentliche Schönheit der italienischen Renaissance, Altes und Neues zusammenschmelzend, einen eigenen, mehr geistreichen als formal oder tektonisch befriedigenden Dekorationsstil geschaffen, der für architektonisches Gesetz organisches Leben, für geometrische Gebundenheit naturalistischen Reichtum gab. Dieser auf Dürers Erfindungskraft angewiesene Stil ist beim Nachahmer unerfreulich, zumal wenn er in so unsicherem zeichnerischem Vortrag auftritt.[58] Unser Meister bemüht sich Dürers eigentümlich gewundene Füllhörner, das gotisierende Rankenwerk, selbst die vielfach verschlungenen Federzüge nachzuahmen; alles mit wenig Glück. Wie viel besser gelingt das dem Hans Dürer, der gewiss dem Bruder strenge Schulung zu danken hatte! In der Darstellung der Figuren geht Altdorfer aus dem Wettstreit der deutschen Maler nicht als Sieger hervor; dem zeichnerischen Können nach tritt er sogar an die letzte Stelle. Seine kleinliche, kritzlige, unfeste, ängstliche Umgrenzung der Form kann nicht bestehen vor Dürers feiner, präciser Schärfe, vor Baldungs breiter, dreister Sicherheit. Doch Altdorfers Erfindung schlägt den frommen, behaglich kindlichen Ton an, der hier ganz trefflich am Platze ist und kommt mehr als einmal zu gemütvoller Stimmung (besonders Tf. VII, unten). Und damit freilich tritt der Meister an die zweite Stelle in der Künstlerschar. Baldungs anspruchsvolle Energie stimmt nicht zu Gebet, von den andern zu schweigen. —

Aus dem Jahre des Besançoner Gebetbuches besitzen wir wieder ein Gemälde des Meisters.

Die heilige Familie.
Wien, kaiserl. Gemäldesammlg. (m. Verz. I, 7), dt. 1515.

Dieses kleine Andachtsbild, für den Altar einer Hauskapelle etwa geeignet, nimmt sich fremd und seltsam aus unter des Meisters Gemälden wegen der Anordnung der Gestalten, ja fremd unter deutschen Bildern der Zeit. Eine „sacra conversazione", nicht mehr und nicht weniger! In der Mitte genau von vorn gesehen Maria, in Halbfigur sichtbar, in repräsentierender Ruhe thronend, die Königin des Himmels mit hoher Sternenkrone. Auf ihrem Schofs steht das nackte Christkind, gerade aufgerichtet, kein gewöhnliches Kind; es weifs, was es thut, da es die Rechte segnend erhebt. Links wird der hl. Joseph in Halbfigur, mit halber Vorderansicht der Mittelgruppe zugewandt sichtbar. Die gebeugte Greisengestalt stützt sich mit beiden Händen auf den Krückstock. Rechts neben der Hauptgruppe, genau symmetrisch entsprechend gewendet dem hl. Joseph, ein jugendlicher Heiliger, vielleicht Johannes. Diese im Verhältnis zur Bildgröfse grofsen Gestalten drängen sich im engen Rahmen dicht aneinander, erscheinen alle gleich nahe unserm Auge. Oben hängen zur Füllung des Raumes breite Fruchtfestons dicht über den Köpfen. Der geringe Rest der Tafel, der um den Köpfen noch frei bleibt, ist einfach als dunkler Grund behandelt. Nicht die geringste räumliche Vertiefung! Wie kam Altdorfer zu einer doch seiner gewöhnlichen Kompositionsweise entgegengesetzten Anordnung? Sonst ordnet er die Figuren frei, unsymmetrisch, mit Ausnutzung der Tiefe, malerisch, zerstreut in möglichst weitem Raum. Und nicht minder fern als diese fast an plastische Arbeit, an Relief erinnernde, starr symmetrische Komposition lag dem Regensburger Meister sonst das Streben nach dem ernst Monumentalen. Diese Gestalten machen Anspruch auf unsere Verehrung. Doch wie sorgsam alle natürlich menschlichen Beziehungen ausgeschieden sind, in denen die deutschen Meister und auch Altdorfer sonst die heilige Familie unserm Herzen nah bringen, das Opfer wird nicht gelohnt. Das menschlich Anheimelnde ist gegangen, das göttlich Ehrfurcht Weckende ist nicht gekommen. Nur der Anspruch ist da. Und wunderlich am Ende in der Toga Mantegnas nimmt sich der deutsche Meister aus.

Dass zur Erklärung dieser Anordnung und dieser Auffassung die Annahme einer Bestimmung von aufsen nötig ist, steht um so mehr aufser Frage, als sich in den gleichzeitigen Zeichnungen und etwas späteren Gemälden des Meisters ähnliche Absichten und Neigungen nicht nachweisen lassen. Aller Wahrscheinlichkeit nach liegt ein italienisches Vorbild zu Grunde. Undeutsch neben vielem andern sind insbesondere die Festons (Padua) und das stehende, segnende Christkind⁵⁹) (am häufigsten in Norditalien). Dass zur Erklärung der fremden Züge allein der Wunsch des Bestellers, der etwa italienische Kunst kennen gelernt hatte, genüge, glaube ich nicht, weil selbst die große, geschlossene, einfache Linienführung wenigstens bei der Madonna und dem Kind und hie und da selbst etwas von der Einzelform (die rechte Hand der Madonna, der schön bewegte Körper des Kindes) an italienische Kunst erinnert. Die unmittelbare Anregung durch ein norditalienisches Gemälde ist an und für sich unwahrscheinlich, da der Meister, so viel wir wissen, nicht in Italien war, da ein italienisches Bild sich wohl nicht nach Regensburg verirrt hatte, und ist auch deshalb nicht anzunehmen, weil alle Einzelheiten der Zeichnung fast und die Färbung und die Beleuchtung, die Typen, kurz alles oben noch nicht Besprochene durchaus unitalienisch und ganz in der gewohnten Art Altdorfers ist. Die Vorlage gab dem Künstler anscheinend nur die Hauptlinien und ließ ihn an einigen Stellen ganz im Stich (s. den unglaublich verzeichneten Arm des hl. Johannes).

Eine norditalienische Plakette mag am ehesten alle Eigenschaften vereinigen, die wir an dem anzunehmenden Vorbild voransetzen. Die streng symmetrische, monumentale, doch ärmliche Anordnung, die die Figuren in beschränktem Raume so nah wie möglich aneinander schiebt, ist der Plakette natürlich. Ebenso wohl erklärt diese Annahme, wie Altdorfer in der Färbung, Malweise, Beleuchtung und in den Einzelheiten der Zeichnung seine Eigenart ebenso rein bewahrt, wie er sie in der Auffassung und Anordnung verleugnet.⁶⁰) Die Hypothese aber, dass eine Plakette zum Vorbild diente, wird vielleicht minder unwahrscheinlich werden, wenn wir später wenigstens in einem Fall erweisen können, dass Altdorfer in einem Kupferstich eine italienische Plakette kopiert hat.

Eine Vergleichung dieses Wiener Gemäldes von 1515 mit der Berliner Madonnendarstellung von 1510 lehrt, dass die Typen, die Proportionen der Figuren, die Formenbehandlung im einzelnen zwischen 1510 und 1515 sich nicht wesentlich geändert haben trotz der Annäherung an Dürer, die während dieser Jahre andere Seiten der Kunst unseres Meisters wohl berührt hat. Die Malweise, Färbung und Beleuchtung aber stammen ganz aus dem eignen Sinn des Regensburger Malers und bieten die natürliche, ungestörte Fortentwicklung des 1510 Gebotenen. Die strukturlosen, unplastisch gesehenen Köpfe mit ihren unausgewirkten Formen, die ganz flach liegenden Augen, die hier freilich weiter auseinander stehen als früher, die fehlenden Augenbrauen der Madonna, der stumpfe, unentwickelte Ausdruck, das flachsige kurze, in ungeordneten Strähnen herabhängende Haar wie die bequeme, leichtfertige Gewandbehandlung, kurz Art und Unart der Frühzeit hat der Meister bis 1515 bewahrt. Der Kopf des hl. Jünglings rechts, dem das Haar wie eine Perücke aufliegt — sehr häufig gerade in den Arbeiten dieser Jahre — erscheint wie verschoben, weil der Meister bei der schwierigen Stellung des Halbprofils den Mund und noch mehr das Kinn dieses Kopfes fehlerhaft stark zurückgeschoben hat. Kaum minder hässlich erscheint Josephs Kopf mit den weit geöffneten, vorgequollenen Augen. Die Uebereinstimmung mit dem Joseph des Berliner Bildes von 1510 geht bis ins Einzelne (das grofse, roh gezeichnete Ohr, Bart, Haar).

Die koloristische[1]) Wirkung ist von eigenartiger Schönheit. Wie bisher bevorzugt Altdorfer gebrochene, gedämpfte, originelle Lokaltöne, die er zu einer feinen Harmonie zu verbinden weiss. Doch ist die Gesamthaltung diesmal satter, tiefer, feierlicher als 1510 etwa. Das Kleid der Madonna ist von dunkelm vornehmen Purpurrot, das sich in grofsen, ruhigen, stark beschatteten Flächen giebt; die sparsamen Lichtstreifen sind ins Weifsliche gehöht. Für die tiefsten Schatten ist Schwarz mit zeichnendem Pinsel eingestrichelt. Dies Nacharbeiten mit strichelndem Pinsel und das Vermeiden intensiver Lokalfarben, damit im Zusammenhang das Verschärfen der Gegensätze von Licht und Schatten, das sind standhafte Merkmale der frühen Malweise Altdorfers, die durch das ganze zweite Jahrzehnt des Jahrhunderts gewahrt wird, um dann plötzlich zu weichen. Der Mantel Mariae ist tief blau, ins Grünliche schimmernd und zeigt sich fast ausschliefslich in breiten schwärzlichen Schattenflächen von sammetartigem Stoffcharakter. Das Kleid des Jünglings ist zitrongelb mit schwarz gestrichelten Schatten. Des Jünglings Haar wie das der Madonna hat das in frühen Bildern wohlbekannte ausgebleichte Blond. Joseph ist bekleidet mit einem

Untergewand, dessen Farbe trüber, mit Grau gedämpfter Zinnober ist und mit einem Obergewand von dunkelm Olivgrün. Das Inkarnat hat matten gelbbraunen Bernsteinton. Interessant und originell ist die Lichtverteilung, nur etwas grell von zu schroffen Gegensätzen. Die Pinselführung ist ein wenig mehr verschmelzend, minder locker als 1510, doch im Prinzip noch dieselbe.

Flügelaltar aus der Minoritenkirche.

Regensburg, histor. Verein (m. Verz. I, 8), dat. 1517, ohne Signatur.

Schmidt (p. 546) hat den Altar unserm Meister abgesprochen, dem M. Ostendorfer zugeteilt und die Echtheit der Jahreszahl in Frage gestellt. Janitschek (p. 414), wie mir scheint mit Recht, hat das Werk wieder aufgenommen unter die Gemälde Altdorfers, er scheint auch die Datierung anzuerkennen. Die Gründe, die mir die Echtheit der Jahreszahl wahrscheinlich machen, findet man in m. Verz. I (8). Ist aber der Altar 1517 entstanden, so kommt Ostendorfer, der seit 1519 erst in Regensburg nachweisbar ist, 1559 erst stirbt, schwerlich in Betracht, abgesehen davon, dass wir an seine Art kaum erinnert werden.

Auf der Mitteltafel ist die Anbetung des Christkindes dargestellt. In einer weiten Landschaft, die rechts im Mittelgrund schon nach hinten abgeschlossen wird durch einen burggekrönten Hügel, links im Hintergrund durch eine Hochgebirgskette, steht rechts vorn die Wiege des Christkindes in einer kleinen, nach allen Seiten offenen Hütte. Maria kniet rechts von dem Lager des Neugeborenen, in Seitenansicht dem Kinde zugewandt und legt die Hände betend zusammen. Hinter dem Lager in Vorderansicht kniet Joseph, eine brennende Kerze in der Hand. Links außerhalb einer kleinen Mauer, die die Geburtsstätte des Heilands umfriedet, die beiden Hirten, die zur Verehrung gekommen sind. Wir sehen die beiden Hirten im Hintergrunde links noch einmal bei der Herde; über ihnen schwebt der Engel, der das Heil kündet, mit einem Spruchband. Rechts über der Hauptgruppe, ganz oben am Bildrand tragen drei andere schwebende Engel das Spruchband: „gloria in excelsis". Bei der Abenddämmerung, die über der Landschaft liegt, erscheinen die relativ sehr kleinen Gestalten, die dürftig, sehr zerstreut, fast versteckt angeordnet sind (der Vordergrund links hat gar keine Figuren), undeutlich, unbedeutend, wenig eindringlich.

Bei geschlossenen Flügeln wird die Verkündigung sichtbar; auf dem rechten Flügel Maria, auf dem linken der Engel, stark aber ungeschickt bewegte, sehr schlanke, mühsam im Zwang der Aufgabe in den grofsen Verhältnissen gezeichnete Gestalten.

Auf dem rechten Innenflügel ist die Auferstehung Christi, auf dem linken das Abendmahl dargestellt. Diese beiden Kompositionen stimmen genau überein mit den entsprechenden Darstellungen der Holzschnittfolge des Sündenfalls (B. 18, B. 31). Sind nun die Holzschnitte jünger als der Altar, so ist sicher, dass Altdorfer auch den Altar gemalt hat. Denn, dass er in die Reihe seiner sonst sehr selbständigen Holzschnittkompositionen zwei Szenen, ohne sie im geringsten umzugestalten, dem Altare eines anderen, zeitgenössischen Regensburger Künstlers einfach entnommen habe, ist nicht denkbar. Ist der Altar aber später entstanden als die undatierten Holzschnitte — und das ist der Fall, wenn unsere Ansetzung [62] das Richtige traf — so ist es unwahrscheinlich, dass ein anderer Künstler für einen in Regensburg aufgestellten Altar zwei Kompositionen der in dieser Stadt jedenfalls vielfach bekannten Serie Altdorfers ohne jede Verhüllung entnahm.

Wir sind leider darauf angewiesen, mit diesen mehr äufserlichen Gründen zu erweisen, dass Altdorfer den Altar gemalt, da die Bilder auf stilkritische Fragen keine Antwort mehr geben. Eine energische „Restauration" hat erreicht, dass Formauffassung, Farbe, Lichtverteilung, Malweise und dergl. nicht mehr geprüft werden können. Schmidt konstatiert die „abscheuliche" Restauration, vermisst dann „die scharfe und fein ausführende Hand Altdorfers" und giebt den Altar dem M. Ostendorfer. Dass der Glasmaler Walzer — dies der Name des Restaurators — keine „scharfe und fein ausführende Hand" besafs, ist kein Grund, die Arbeit, wie sie ursprünglich war, unserm Meister abzusprechen.[63]

Die Anordnung der Figuren im Mittelbild, das einzige, woran man sich noch halten kann, ist ganz im Sinne unseres Künstlers.

Nur wenig möchte ich dem ruinierten Altar für die Kenntnis der Entwicklung Altdorfers entnehmen. Die holzgeschnitzte Stuben-

einrichtung auf den äufseren Flügeln hat gotische Formen (1517).⁶¹)
Die Proportionen der Figuren sind noch immer übertrieben hoch.
Die Freude an stark bewegten Gestalten, an flatternden Gewändern,
die seit 1511 bei wachsendem Können in den Zeichnungen und
Holzschnitten immer deutlicher hervortrat, ist nun auch hier (besonders die Engel in der Luft auf der Mitteltafel) zu bemerken.⁶⁵)

Zu Anfang des Jahres 1519 wurden die Juden aus Regensburg
vertrieben. Dieses Ereignis mit seinen Folgen greift in die Geschichte der Regensburger Kunst. Die Stadtchroniken (besonders
die von Gemeiner und die von Gumpelzhaimer) nennen öfters Altdorfers Namen bei der redseligen Darstellung jener Vorgänge, die
Spuren auch in dem Werke des Meisters gelassen haben.

Des Malers Wohlstand war rasch gestiegen; 1513 hatte er ein
Haus gekauft, 1518 ein zweites hinzu erworben. Wenn 1515 sein
Ansehen aufserhalb der Stadt schon so grofs war, dass er an der
Ausschmückung des kaiserlichen Gebetbuches beteiligt wurde, so
war er damals in Regensburg selbst wohl als der beste Künstler
anerkannt. Im Jahre 1512⁶⁶) fertigt Altdorfer den Entwurf für den
Goldgulden der Stadt, den der Münzmeister Lerch prägt. Später
kamen die Aufträge der Stadt um so leichter an unsern Meister,
als er bald in den „äufseren Rat" der Reichstadt eintrat; in welchem
Jahre, scheint nicht bekannt, 1519 aber ist er Mitglied dieser Körperschaft. 1517 malte der Künstler einen Vorhang zum „HeiligtumStuhl", der bei der Ausstellung der Reliquien gebraucht wurde.
Dann schmückte er auch die Kanonen oder deren Lafetten — wie
Neumann meint — mit dem Wappen der Reichsstadt. Altdorfer
ist im zweiten Jahrzehnt des Jahrhunderts recht eigentlich der Maler
der Stadt, wie er im dritten Jahrzehnt ihr Baumeister wird.

Im Februar 1519 ist unser Meister, als Mitglied des äufseren
Rates unter den Abgesandten, die der Judengemeinde die Vertreibung
aus der Stadt verkündeten. Kurz darauf riss die Regensburger
Bürgerschaft die Synagoge nieder. Unter Altdorfers Radierungen
ist ein Blatt, das das Innere dieser Synagoge, ein anderes, das die
Vorhalle darstellt (B. 63, B. 64). Die geschickt behandelten Radierungen sind höchst wahrscheinlich des Künstlers erste Arbeiten
in dieser Technik. Die besondere, ungewohnte Aufgabe — Dar-

stellung einer Innenarchitektur — und die gebotene Eile der Ausführung mögen ihn auf den Gedanken gebracht haben, es auch einmal mit der neuen Technik zu versuchen, die er wahrscheinlich aus Dürers Versuchen kannte. Die Aufschrift der Radierung B. 63 meldet: „Anno. Dni. D. XIX. Judaica. Ratispona Synagoga. Justo Dei. Judicio. Fundits. Est. Eversa." Das Blatt, das die Vorhalle darstellt, hat eine entsprechende Aufschrift. Wie sonst Medaillen wohl geschlagen wurden zum Andenken an wichtige Geschehnisse, so erschienen diese Gedächtnisblätter und wurden gekauft von der aufgeregten Bevölkerung, die den Tempel der Juden niedergebrochen hatte, und von den vielen Tausenden, die 1519 und in den folgenden Jahren wallfahrend an den Ort der Synagoge zogen, wo nun die „schöne Maria" Wunder wirkte. Zwischen den Trümmern der zerstörten Synagoge weihten die Regensburger der Mutter Gottes einen Altar und stellten am 14. März 1519 ein holzgeschnitztes altes Marienbild auf. Diese Statue[67]) wurde unter dem Namen der „schönen Maria von Regensburg" in kurzer Zeit hoch berühmt und verehrt. Noch im Jahre 1519 ward eine provisorische kleine Holzkapelle für das Bildwerk errichtet, gleichzeitig aber der Plan zu einer grofsen Kirche auf der Stätte der Synagoge gefasst. Die kleine Kapelle kennen wir aus zwei Holzschnitten, aus Ostendorfers Schnitt P. 14 von 1522 (bz. mit dem Monogr., M und O aneinandergestellt) — hier die Kapelle in Seitenansicht — und aus dem grofsen Holzschnitt Ostendorfers (?) P. 13 (unbz.), wo die Kapelle von vorn zu sehen ist. Diese beiden Blätter geben auch eine Vorstellung von der Statue Haidenreichs, die vor der Front der Kapelle stand und in der Bekleidung durchaus abweicht von dem Wunderbild der „schönen Maria". Haidenreichs zwischen 1519 und 1522 wahrscheinlich vom Bischof gestiftete Statue erscheint nicht als Nachbildung des eigentlichen Heiligtums der Kapelle. Wohl aber mehr oder minder genau nach dem verehrten Wunderbilde malte Jorg Magk (oder Mock) ein Marienbild, das auf dem Opferstock der Kapelle aufgestellt[68]) wurde.

Altdorfer erhielt in diesen Jahren folgende Aufträge, die sich auf die „schöne Maria" und ihre Verehrung beziehen.

Er malte eine Fahne mit dem Marienbild und dem Stadtwappen schon für die provisorische Kapelle. Einen ganz guten Begriff von dieser Arbeit giebt der schon oben herangezogene Holzschnitt P. 13 (Ostendorfer?). Die Fahne hängt hoch von dem Turm der Kapelle herab; gemalt auf ihr ist die „schöne Maria" mit dem Christkind in ganzer Figur und über der Gestalt gekreuzt die Regensburger Schlüssel. Aus dieser Nachbildung von der Fahne der Kapelle und aus Magks (?) Gemälde in St. Johann entnehmen wir den Typus des Wunderbildes, dessen entscheidende Kennzeichen in der Tracht der Gottesmutter gefunden werden und zwar: ein Stern auf dem Kopftuch über der Stirn, ein Stern auf der linken Schulter und lange, sonderbare, geknüpfte Fransen, die vom Gewand in der halben Höhe der Figur herabhängen. Altdorfers Bild auf der Fahne war mindestens in Lebensgröfse.

Wieder malte unser Meister ebenfalls für die neue Kapelle einen Vorhang zum „Heiligtumstuhle". Merkwürdig ist, dass die Zeitgenossen ihm so gern dekorative Arbeiten in gröfseren Mafsen (Fahne, Vorhänge) anvertrauten.

Altdorfer zierte den Ablassbrief für die junge Wallfahrtstätte; er entwarf die Zeichnung der Wallfahrtsmedaille[69]), die in jenen erregten Jahren ausgegeben wurde und die Aufschrift trug unter einer treuen Nachbildung des Wunderbildes: „tota pulchra es amica mea 1519". Endlich malte er ein Votivgemälde zum Andenken an die wunderbare Errettung einer unschuldig zum Wassertode verurteilten Person durch die „schöne Maria".[70])

In dem erhaltenen Werk des Meisters kehrt öfters die leicht kenntliche Gestalt der „schönen Maria" wieder, zwar nicht in Gemälden oder Zeichnungen, so weit uns bekannt, wohl aber in Holzschnitten und Kupferstichen. Dies ist uns ein willkommener Anhaltspunkt, mit grofser Wahrscheinlichkeit die betreffenden Blätter zu datieren. Der Zuzug der Wallfahrer zu dem Wunderbild in Regensburg wuchs seit 1519 sehr rasch und nahm bald ganz aufserordentliche Dimensionen an. Bald, 1523 schon, wurde die Verehrung und das Interesse geringer. Es ist nicht zu zweifeln, dass Altdorfers Blätter, die der „schönen Maria" gelten, in jenen ersten Jahren fast fanatischer Begeisterung entstanden und von den mächtigen Scharen der Wallfahrer in grofser Zahl gekauft wurden. Folgende

Arbeiten sind danach wahrscheinlich zwischen 1519 und 1523 entstanden.⁷¹)

Holzschnitt B. 48. Die schöne Maria mit dem Kinde auf einem Sockel in einer gotischen Kirche stehend.

Das Blatt ist von den hierher gehörigen das unbedeutendste und schliefst sich in der Technik wesentlich den Holzschnitten der früheren Zeit noch an, nur dass die Strichlagen minder eng erscheinen. Die Proportionen der Gestalt sind hoch und schwer, die Bewegung ohne Reiz.

Holzschnitt B. 47. Die hl. Familie in einer Kapelle mit einem grofsen Taufbecken.

Nicht ganz sicher, aber sehr wahrscheinlich ist hier die Mutter Gottes als „schöne Maria" charakterisiert — ganz deutlich ist die Kleidung nicht sichtbar. Das Taufbecken gleicht in der Anlage dem runden Springbrunnen des Berliner Gemäldes von 1510, nur sind die Verhältnisse schöner, breiter, niedriger, mehr im Sinn der Renaissance, während die Einzelheiten der Dekoration auffallender Weise nicht weniger, vielleicht mehr gotische Elemente noch aufweisen als bei der Fontäne von 1510. Die Kapelle, in der das Becken steht, ist gotisch gewölbt, während die vier voneinander abweichend gebildeten Eckkapitäle mehr oder minder stilgerechte Renaissanceformen besitzen. Alter und neuer Stil stofsen hier recht schroff aufeinander. Technisch ist das Blatt von grofser Vollendung, von feiner harmonischer Wirkung, sehr verschieden von den Holzschnitten der Jahre 1511—1517. Die Linien der Schraffierung sind in gröfseren Abständen voneinander und viel gleichmäfsiger verteilt. Die Grenzen der Holzschnitttechnik, in deren gefährlicher Nähe Altdorfer sich früher mit Vorliebe bewegte, sind nun erkannt und vermieden. Der Eindruck ist viel ruhiger und vornehmer geworden. (Vortreffliche Abb. Lippmann, Kupferstiche und Holzschnitte alter Meister in Nachbildungen, II. Mappe, Berlin 1890.)

Kupferstich B. 12. Die „schöne Maria" sitzend, sie hält auf den Knieen das Jesuskind, das mit der Rechten segnet.

Die Technik ist von derjenigen der Stiche von 1506—1511 ganz so abweichend, wie bei dem fast zehnjährigen Zeitabstand nur zu erwarten ist.

Kupferstich B. 13. Die „schöne Maria" thront in der Nische eines altarartigen Aufbaues, den mehrere Engel umgeben.

Die Technik ähnlich wie beim letzten Blatt. Die Hauptkonturen sind betont, was um diese Zeit öfters vorkommt, in den Arbeiten der Frühzeit sorgsam vermieden ist. Der Thron hat entwickelte, ausgeprägte Renaissanceformen, wie sie in keinem bisher betrachteten Werke vorkamen.

Holzschnitt B. 51. Der bekannte, prachtvolle von mehreren Platten gedruckte Schnitt, der die „schöne Maria" offenbar in besonders getreuer Gestalt — dies ergiebt die Vergleichung mit dem Fahnenbild und mit Magks (?) Gemälde — in Halbfigur, umrahmt mit einer sehr schönen Renaissanceeinfassung, darstellt. Ueber die verschiedenen Abdrücke (Zahl der Platten wie angewendete Farben verschieden) vergl. J. Springer im VII. Jb. d. pr. Ksts. p. 154; in der hier gegebenen vortrefflichen Reproduktion eines besonders schönen Abdruckes von 6 Platten würdigt man das Werk am besten. Die unten dreimal wiederholte Aufschrift: „Gantz schön bistu mein freundtin und ein mackel ist nit in dir. Ave Maria" stimmt in ihrem ersten Teil mit der Aufschrift, die die Wallfahrtsmedaille trug: „tota pulchra es amica mea." Dieser Holzschnitt gehört zu den erfreulichsten und dem modernen Auge wohlgefälligsten Schöpfungen Altdorfers, aber mehr: er ist einer der wichtigsten Grenzsteine in der Entwicklung unseres Meisters, freilich nur, wenn wir ihn mit Recht zwischen 1519 und 1523 entstanden annehmen dürfen. Ganz besonders fruchtbar, angeregt, ausgreifend nach mehr als einer Seite im Technischen stellt sich der Meister dar in dieser religiös erregten Zeit. Er bemächtigt sich 1519 der Radierung, die wohl von Nürnberg her ihm zukam, und nun des Farbenholzschnittes, den Nürnberg[72]) ihm sicher nicht, vielmehr Augsburg am ehesten gab. Um eine Erfindung handelt es sich auch hier nicht, wohl aber um eine selbständige, für die künstlerische Individualität des Meisters höchst bezeichnende Verwendung der ihm bekannt gewordenen Erfindung. Burgkmair und Cranach in ihren frühen Farbenholzschnitten bedienen sich der neuen Technik in erster Reihe, um dem Holzschnitt bisher unerreichbare Lichtabstufungen und damit früher unbekanntes Relief, in zweiter Reihe erst, ihm

Farbigkeit zu geben; Altdorfer denkt zuerst an die Farbe als solche und dann erst an die Modellierung. Der Ausdruck „Helldunkelholzschnitt", der für die meisten hierher gehörigen Arbeiten Burgkmairs, Cranachs, Baldungs wie besonders auch der Italiener[73] ganz mit Recht vielfach im Gebrauch ist, verliert auf unsere Arbeit angewendet jeden Sinn. Daher ist es kein Zufall, dass gerade Altdorfer die Zahl der Platten auf die ganz ungewöhnliche Höhe fünf oder sechs setzte und zwar sofort, da er der Erfindung sich überhaupt zum ersten (möglicher Weise: zweiten) Mal bediente. In der Freude, Farben nun vervielfältigen zu können — die kindlich naive Freude darüber empfand damals kein zweiter deutscher Künstler so lebhaft — wandte er möglichst kräftige und intensivfarbige Töne an und verminderte die Modellierung — statt sie zu erhöhen — um die Farben recht rein und prächtig zur Geltung zu bringen. Diese Absicht ist wohlgelungen, besonders dadurch, dass die Schraffierung auf der Strichplatte sehr stark vermindert ist. Die hier beobachtete, wie mit hellem Jubel ein bisher verschlossenes Gebiet der Kunstübung betretende Lust an entschiedener Lokalfarbe war zwar bisher unserm Meister durchaus nicht eigen, aber eben um diese Zeit zeigt sie sich plötzlich mit unerwarteter Stärke auch in den Gemälden, wie wir sehen werden und bleibt ihm von da an treu. Auch die Wandlung des Farbensinns gehört in diese an Wandlungen und Neuerungen überreichen Jahre.

Auf eine andere, sehr bedeutungsvolle Wandlung, die sich nicht minder unerwartet und erfreulich ebenfalls in unserm Holzschnitt zeigt, sei hier vorläufig kurz hingedeutet. Merkwürdig bereichert, gereinigt, architektonisch geschult sind die Renaissanceformen, durchaus verschieden von den kümmerlichen Mischformen, die Altdorfer 1515 noch nachgebildet hatte. An wirklichem Verständnis der italienischen Architektur, der wohl abgewogenen breiten und ruhigen Verhältnisse und der Einzelformen kann sich diese Leistung selbst mit Burgkmairs Architekturen vergleichen. Und damit ist bereits ausgesprochen, woher allein Altdorfer diese Dekorationsformen empfangen haben kann: von dort, von wo ihm auch wahrscheinlich zugleich der Farbendruck kam, von Augsburg.

Und selbst damit scheint das Neue, das dieser Farbenschnitt

zeigt, noch nicht erschöpft. Für den, der des Meisters Entwickelung bis hierher verfolgt hat, mag dieser Frauenkopf der Maria mit seinen klar entwickelten bestimmten Formen überraschend sein. Doch für die Wandlung in der Auffassung des menschlichen Körpers und des Kopfes müssen wir um so mehr weitere Belege abwarten, als jenes alte, uns unbekannte Wunder wirkende Bild der „schönen Maria" doch vielleicht, wenn auch nicht wahrscheinlich, anklingt in dem von Altdorfer hier gegebenen Typus des Kopfes.

Holzschnitt B. 50 gehört eng zusammen mit dem besprochenen Farbenholzschnitt B. 51. Dargestellt ist ein vielgliedriger, grofser Renaissancealtar, der in seinen Formen von fern erinnert an venezianische Grabdenkmäler. In der grofsen Mittelnische steht die „schöne Maria", rechts und links in kleineren Nischen, von denen je zwei über einander stehen, haben die Standbilder von zwei männlichen und zwei weiblichen Heiligen bescheidenen Platz gefunden. In der Lunette über der Mittelnische Gottvater segnend. Der Mittelbau steigt noch über den Rundbogenabschluss empor und endet endlich stolz mit einem klassischen Giebel. R. Stiassny bemerkt mit Recht, dass die architektonischen Formen dieses Entwurfes an venezianische Bauwerke erinnern. Ob wir annehmen dürfen, dass eine Zeichnung nach einem oberitalienischen Altarwerk unserm Meister vorlag, erscheint deshalb zweifelhaft, weil die hier angewendeten Formen häufig bei Altdorfer wiederkehren.

Dieses Blatt giebt ein ganzes Inventar der Renaissancemotive, in deren Besitz der Meister sich im Anfang der 20er Jahre befand; im ganzen ist die Architektur hier bei weitem nicht so rein und von so einfacher Schönheit wie in B. 51. Die Technik schliefst sich enger als B. 51 an die älteren Schnitte des Meisters an. Das Blatt kommt als Farbenschnitt (von drei Platten, daneben auch einfach von der Strichplatte gedruckt) vor. Vielleicht zeichnete Altdorfer diesen prächtigen Altar im neuen Geschmack im Hinblick auf die geplante oder schon im Bau begriffene, grofse, der schönen Maria geweihte Kirche, von der in diesen Jahren in Regensburg und zumal unter den Herren vom Rate viel die Rede war. Der Ratsherr und Künstler zeigte wohl auf diesem Blatt seinen Mitbürgern einen reichen und prächtigen Hochaltar, geeignet für das neu erstehende Heiligtum, würdig des verehrten Wunderbildes und ohne gleichen gewiss unter den älteren Altären der Stadt.[71]

Die beiden zuletzt betrachteten, der „schönen Maria" gewidmeten Blätter sind die einzigen bekannten Farbenholzschnitte des Regensburger Meisters, sie gehören zu seinen spätesten Schnitten überhaupt. Am liebsten möchten wir sie in der Zeit 1519—1523 möglichst spät, 1522 oder 1523 ansetzen. Dass Altdorfer sich des Druckes von mehreren Platten sonst nicht bedient hat, erklärt sich wahrscheinlich daraus, dass er um diese Zeit überhaupt das Zeichnen für den Holzstock aufgab. Holzschnitte, die die Formauffassung der folgenden Zeit deutlich zeigten, fehlen in dem Werke des Meisters; die wenigen, die nicht zwischen 1511 und 1517 entstanden sind, stammen aus dem Beginn der 20er Jahre. Datierte Arbeiten sind freilich nicht unter ihnen, doch ergiebt eine Vergleichung mit den annähernd datierten Schnitten der schönen Maria, diese Ansetzung mit grofser Wahrscheinlichkeit. Hierher gehören folgende Holzschnitte:

B. 41. Das Opfer Abrahams.

B. 42. Josua und Kaleb tragen die Früchte.

Diese beiden Darstellungen müssen wegen des genau übereinstimmenden Formates und wegen der verwandten Boden-Charakteristik als Gegenstücke angesehen werden. B. 42 zeigt in der Architektur klare Renaissanceprofilierung. Abb. Lützow, Gesch. d. dtsch. Kupferst. u. Holzschn. p. 177.

B. 43. Jael schlägt dem Sissera den Nagel in den Kopf.

Stimmt in den Mafsen zu den eben verzeichneten Blättern, doch erscheint die Zusammengehörigkeit mit denselben nicht ganz sicher.

B. 49. Ein Geistlicher vor der hl. Jungfrau mit dem Kind, die links auf einer architektonischen Erhöhung thront.

Gehört der Technik nach eng zu B. 59. Die Architektur ist noch nicht so einfach, nicht in dem Grade Burgkmairs Art verwandt wie auf B. 50 und B. 51. Etwa 1520 mag die Arbeit entstanden sein. Abb. Lützow, a. a. O.

S. 68 (fehlt bei B. und P.) Ornamentschnitt: ein reich verziertes Thor im Umriss.

Dieses sehr eigentümliche, in reinem Renaissancegeschmack gezeichnete Blatt, das Lichtwark auf ein französisches Vorbild zurückzuführen geneigt ist, steht auch seiner einfachen Technik nach neben B. 51 am Ende von Altdorfers Thätigkeit für den Holzschnitt (um 1523 etwa). Sehr selten (ein Exemplar in Dresden, kgl. Kab.)

Auch für die Chronologie der Kupferstiche leisten die Blätter, die die „schöne Maria" zeigen (B. 12 und 13), wertvolle Dienste. Doch erst später wird der Versuch, die grofse Menge der undatierten Stiche zeitlich zu ordnen, an seiner Stelle sein.[75])

Den Bau der grofsen Kirche für die „schöne Maria" betrieben die Regensburger mit regem Eifer, sie wollten etwas ganz Aufserordentliches, sie wandten sich an auswärtige Architekten. Der Dombaumeister Haidenreich wurde übergangen, was ihn nicht wenig erzürnte. Schon am 5. Juni 1519 schreibt Hans Behaim von Nürnberg an den Regensburger Rat, er sei bei der Arbeit des Entwurfes der Regensburger Kirche mit gröfstem Fleifs. Doch Augsburg schlug Nürnberg aus dem Felde. Da Hans Hieber sich meldete und sein Kirchenmodell zeigte, erhielt er den Auftrag. Hieber kam aus der Stadt, wo die Kapelle der Fugger in St. Anna, der erste Renaissancebau Deutschlands, nun fertig stand. Mit diesem Architekten von Augsburg kam die neue Architektur nach Regensburg. In dem Rate, der die Entwürfe prüfte, der sich für den Augsburger entschied, safs Altdorfer, wahrscheinlich als der einzige Künstler. Und wenn in dem Werke unseres Meisters in dieser Zeit wie mit einem Schlage das Interesse für Architektur, das Verständnis der vorgeschrittenen Augsburger Renaissance sich zeigt und wenn einige Jahre nach dieser wichtigen Bauangelegenheit die Regensburger ihrem Maler das Amt des Baumeisters anvertrauten, dann mag die Vermutung gestattet sein, dass nicht nur der Ratsherr auch der Künstler Altdorfer Teil nahm an dieser Bauangelegenheit und dass Hiebers Wissen und Können ein bedeutsamer Faktor in Altdorfers künstlerischer Entwicklung wurde.

Das Originalmodell[76]) Hiebers ist noch erhalten im Rathaus zu Regensburg und um so wichtiger, als der hier niedergelegte Plan Hiebers nur zum kleinen Teil in dem Kirchenbau, der jetzigen Neupfarrkirche zur Ausführung gekommen ist. Die Würdigung des sehr bedeutenden Entwurfes, der mit revolutionärer Selbständigkeit dem deutschen gotischen Kirchentypus entgegentritt, ohne sich an ein bestimmtes italienisches Vorbild anzuschliefsen, der ein Bauideal der Renaissance, den polygonalen Centralbau, mit einem verkümmerten Langhaus und mit zwei Türmen zu verbinden, vielfach durch Hilfsmittel des gotischen Stils zu verwirklichen sich bemüht, kann hier unterbleiben. Nur auf diejenigen Formen des Augsburger Entwurfes sei hingewiesen, die wir später in den von Altdorfer dargestellten Architekturen wiederfinden werden, und von denen mit einiger Wahrscheinlichkeit sich behaupten lässt, sie seien unserm Meister durch Vermittlung Hiebers bekannt und lieb geworden. Dies sind besonders: die Balustrade, die Hieber nicht nur als Abschluss seiner Plattform, auf der die Kirche sich erst erhebt, anbringt, sondern die er auch in halber Höhe der Absiden um den Centralbau aufsen herumführt, dann die bekannte Pilasterfüllung durch Einfügung einer Kreisform in halber Höhe (in Dohmes Abb. nicht sichtbar, doch deutlich am Originalmodell und auf Ostendorfers Schnitt), die auch in der Fuggerkapelle in St. Anna in Augsburg vorkommt, ferner die auffallende Bedeckung der Apsiden durch Halbkuppeln in der Zwiebelform, endlich der mehrgliedrige Abschluss der Türme, erst Ansatz zu einfacher Rundkuppel, darauf ein eingezogenes Zwischenglied, zuletzt die sehr beliebte Zwiebelform.

Das verehrte Wunderbild der „schönen Maria von Regensburg" erwies sich gnädig auch unserm Künstler. Während die Stadtthore den mächtigen Scharen der Wallfahrer sich öffneten, öffnete auch seine Kunst die Thore, um aufzunehmen. Bis 1523 etwa haben wir vorgeblickt und einige neue Ziele der künstlerischen Entwicklung des Meisters von fern undeutlich erkannt.

Jetzt müssen wir uns noch einmal zurückwenden zur Betrachtung der Gemälde, die um 1520 entstanden, sich deutlich genug als Schöpfungen unruhigen Uebergangs darstellen.

Die beiden Johannes.
Stadt am Hof (gegenüber Regensburg), Katharinenspital, protestantische Kapelle.
(m. Verz. I, 9), dat. 1520.

Auf der recht grofsen Tafel ist rechts der Täufer dargestellt. Er sitzt, niedrig und unglücklich in halber Seitenansicht der Bild-

mitte und dem Beschauer zugewendet, er hebt zum Segnen die
Hand. Ihm gegenüber in entsprechender Stellung links sitzt der
Evangelist und schreibt, einen Baumstumpf als Tisch benutzend.
Er blickt auf zur Madonna, die hoch oben ziemlich in der Mitte
der Tafel ganz klein sichtbar wird. Die Gestalten sind grofs im
Verhältnis zu den Mafsen der Tafel, haben an und für sich etwa
³/₄ der natürlichen Gröfse und sind die gröfsten Figuren überhaupt,
die auf einem bekannten Tafelbild des Meisters vorkommen. Die
spröde Aufgabe, die die beiden Heiligen des gleichen Namens wegen
ohne jede andere Beziehung einander gegenübersetzte, konnte nur
gelöst werden durch würdevolle oder grofsartige Ausprägung der
Einzelgestalten, allenfalls durch unterscheidende Charakteristik des
Geistigen der beiden Männer. Zu geben, was hier gefordert wurde,
war Altdorfer nicht im stande. Das Altertümliche, das Erzwungene
des räumlichen Beieinander, das Strenge, Kirchliche in dieser Aufgabe war seiner Auffassung so unbequem wie die grofsen Mafse
der Figuren seinem zeichnerischen Vermögen. Sehr deutlich fühlt
man das Streben gegen die innerste Natur zu monumentalem Stil
emporzukommen. Das Ergebnis ist nicht sehr günstig. Das Landschaftliche nimmt weniger Interesse in Anspruch und ist minder
glücklich als sonst. Rechts und links beschränken schon im Mittelgrund Felsen und Gesträuch den Blick in die Tiefe, nur in der
Mitte ist der Ausblick frei auf eine ferne Uferlandschaft, die sich
allzu steil (wie auf dem Berliner Bild von 1510) aufbaut.

Die Proportionen der Gestalten und der Typus der Köpfe sind
im wesentlichen noch ebenso wie bei den früheren Bildern; selbst
einige besondere Eigenheiten der frühen Zeichnung treten noch sehr
deutlich hervor, besonders die breiten, eckigen, geraden, schlecht
mit dem Hals verbundenen Schultern und die nicht parallel den
übrigen Fufszehen, sondern im Winkel zu denselben häfslich ge-
richtete grofse Zehe[77]) (vgl. die frühen Stiche, auf denen nackte
Figuren sich finden). Das ungewohnte grofse Mafs und die Absicht,
Charakter, Ausdruck, geistiges Leben dem begeisterten, inspirierten
Evangelisten und dem asketischen Täufer zu geben, haben arge
Verwüstungen in den Formen der Köpfe angerichtet. Altdorfer
kam leicht zur Karikatur, wo er Charakter, zur Grimasse, wo er

Ausdruck geben wollte und zwar gerade in diesen Jahren; später bestand er zwar nicht, aber mied die Gefahr. Die Köpfe der beiden Johannes sind wie verschoben und haben eine unnatürlich starke Entwicklung der unteren, eine Verkümmerung der oberen Partien. Von der Stirn, in die eine flachsige Haarperrücke hineinhängt, ist wenig zu sehen. Die schmal geschlitzten Augen drängen gleichsam zusammen nach der Mitte. Der Ausdruck ist seltsam, fahrig unbestimmt, halb wild, halb stumpf und blöde. Man fühlt die Mühe des Künstlers und das unvollkommene Treffen des Gewollten.

Bemerkungen über die Färbung müssen mit Vorbehalt gemacht werden. Das Bild scheint zwar nicht übermalt, wohl aber sehr vernachlässigt, mit einer dicken Schmutzschicht bedeckt. Jetzt ist die Färbung trübe, dunkel, warm, bräunlich, eintönig. Sehr bestimmt heraustretende Lokalfarben besaſs das Bild wohl ursprünglich nicht, es gehört auch in dieser Beziehung eher zu den Gemälden vor 1520 als zu denen nach 1520. Das Kleid des Evangelisten ist lichtblau, im Schatten jedoch sofort farblos dunkel, im Licht weiſslich. Des Täufers Gewand ist bräunlich kirschrot. Der Teint ist gebräunt, bernsteinfarbig. Weder bei der Faltengebung noch bei der Malweise, die meist dünn lasierend und breit ist, finden wir durchgreifende Wandlung gegen die frühere Art.

Vor diesem Bild werden wir stärker als vor irgend einem anderen Werke Altdorfers an Grünewald erinnert. Wohl kann hier die Neigung erwachen, das — freilich wenig erfolgreiche — Streben nach eigenartiger Gröſse der Auffassung, diese sehr auffallende Behandlung der Umrisse des Nackten, das mager und in seltsam übertriebenen Hebungen und Senkungen erscheint, wie mit krankhaften Schwellungen behaftet, von dem Vorbild des Aschaffenburgers herzuleiten. An dieser Stelle gilt es, das von Janitschek[78]) bestimmt ausgesprochene (p. 411, 412) Abhängigkeitsverhältnis Altdorfers von Grünewald zu erwägen, obwohl dieser Forscher keineswegs gerade an dieses Gemälde anknüpfend seine Behauptung aufgestellt hat.

Für die Annahme einer Beziehung zwischen zwei Künstlern muss die Verwandtschaft in den Monumenten um so deutlicher sein, je geringer die Möglichkeit einer Verbindung in den äuſseren Verhältnissen ist. In unserm Fall ist die Wahrscheinlichkeit, dass Altdorfer Grünewalds Werke kannte, so gering, dass die Uebereinstimmung der Kunstweise bei weitem nicht zur Annahme dieser Beziehung ausreicht. Im Jahre 1515, meint Janitschek, habe am ehesten eine Berührung stattgefunden, als Altdorfer neben Baldung an der Ausschmückung des kaiserlichen Gebetbuches beteiligt war. Aber dort waren aufserdem Cranach, A. Dürer, H. Dürer, Burgkmair, der Monogrammist M. A. beteiligt. Wie soll der Regensburger Künstler bei dieser Gelegenheit Bilder Grünewalds gesehen haben? Unternahm er überhaupt — was nicht anzunehmen ist — eine Reise in dieser Angelegenheit, dann begab er sich nach Augsburg allenfalls. Mit gutem Recht nimmt man an, dass ihm die Bogen, die er zieren sollte, nach Regensburg gesendet wurden; zu keinem in der am Gebetbuch thätigen Künstlerschar aber steht er 1515 so fremd und fern wie gerade zu dem überrheinischen Meister Baldung.

Es kann sich nicht um Anregung durch die leicht bewegliche „gedruckte Kunst", vielmehr nur um eine Anregung durch grofse Gemälde, durch Altarbilder handeln. Dass eine Tafel Grünewalds in Regensburg stand, ist mehr als unwahrscheinlich. Altdorfer muss also am Oberrhein, in Isenheim vielleicht, gewesen sein. Wann? Vor 1505 kann er sehr wohl seine Lehrzeit, oder einen Teil seiner Lehrseit am Oberrhein zugebracht haben. Aber dann müssten die Arbeiten von 1507 denen des deutschen Corregio besonders nah verwandt sein. Das ist aber nicht der Fall und auch nicht Janitscheks Meinung. Also Altdorfer machte nach seiner festen Ansiedlung in Regensburg eine Reise nach dem Oberrhein. Wann? Zu welchem Zweck? Wir können des Meisters Leben Jahr für Jahr fast verfolgen, wir suchen ganz vergeblich nach einer Lücke, die eine Abwesenheit verriete, nach einem Anlass zu dieser Reise. Die Künstler wechselten gewöhnlich ihren Wohnsitz nur dann, wenn sie sich nicht befriedigt fühlten am alten Platze. Und welcher andere deutsche Künstler dieser Zeit hat tiefer und glücklicher die Wurzeln der Kunst und des Lebens in den Boden seines Gemeinwesens gesenkt als gerade Altdorfer? Und nun angenommen, er habe diese Reise, die ihm die Kenntnis der Schöpfungen des Aschaffenburgers vermittelte, gemacht, das östlichste und das westlichste Ende der oberdeutschen Kunst hätten sich berührt, dann müsste die Wirkung in einer ganz bestimmten Zeit hervortreten, so lange die Erinnerung an das Gesehene noch frisch war. Wie steht es nun damit? R. Stiassny will Grünewalds Anregung schon in einem Holzschnitt erkennen, der 1513 datiert ist (B. 44), Janitschek, der die Berührung am liebsten 1515 ansetzen will, findet die Spuren Grünewalds ganz besonders in dem Gemälde in Sigmaringen (m. Verz. I, 16), das uns etwa 1520 entstanden zu sein scheint. Wir selbst fanden die Kunst Altdorfers der Grünewalds am nächsten vor dem Bilde der beiden Johannes, das 1520 datiert ist. Janitschek ferner sieht Grünewalds Anregung in einem Bild, das 1526 (Nürnberg, Germ. Mus., m. Verz. I, 22) entstand und in einem Münchener (m. Verz. I, 25), dessen Entstehung wir um 1530 mit einiger Wahrscheinlichkeit ansetzen möchten.

Man pflegt wohl vor Gemälden dieses Künstlers und jenes Künstlers das „Malerische" zu betonen. Ich fürchte, dieser vage Begriff schlug die Brücke. Das „Malerische" bei Altdorfer und bei dem „deutschen Correggio" ist sehr verschieden; „malerisch" ist der Gegensatz zu „zeichnerisch" wie der Gegensatz zu „plastisch". In letzterem Sinn trifft es bei Altdorfer, im ersteren leidlich bei Grünewald zu. Janitschek bemerkt: „die Darlegung eines kräftigen Lichtzentrums auf die Atmosphäre hat Altdorfer Grünewald abgelernt". Doch die ganze künstlerische Entwicklung seit 1507 (vgl. z. B. die Franciscus-Darstellung von 1507 in Berlin) drängt folgerichtig auf gesteigerte Lichteffekte hin, so dass gerade dafür eine Anregung von aufsen durchaus nicht notwendig erscheint. Einen auch nur leisen Nachklang von Grünewalds „markvollem Naturalismus" in Altdorfers Nürnberger Gemälde von 1526 zu fühlen, war ich nicht im stande.

Wohl erinnert hier und da der allgemeine Eindruck an Grünewalds Art — zumal um 1520. Dass zwei Künstler, die in demselben Volk unter denselben Zeitbedingungen aufwachsen, deren Individualität wenigstens in einigen Punkten verwandt — in den allermeisten freilich ganz und gar verschieden — ist, hin und wieder auf dem natürlichen eigenen Entwicklungsweg, ohne von einander zu wissen, auf ähnliche Probleme stofsen, die sie ähnlich lösen, das kann nicht nur, das muss unter Umständen geschehen. Von den besonderen Eigenheiten und Liebhabereien Grünewalds, von den speziellen kleinen Merkzeichen der Einzelpersönlichkeit[79]) ist bisher nichts in Altdorfers Werk aufgefunden worden.

An die Tafel der beiden Johannes schliefst sich eine gröfsere Gruppe von Bildern an, die nicht datiert und nach ihrem von allem bisher Gesehenen in manchem Betracht abweichendem Charakter später als das zuletzt besprochene Bild (1520) entstanden sind, doch nicht viel später, vielmehr gerade in dieser wandlungsreichen Zeit. Denn schon 1521, wie wieder ein anderes datiertes Gemälde uns lehrt, betritt der Meister neue Wege, die ihn noch weiter von der früheren Art fortführen. Freilich drängen sich hier in wenigen Jahren gar zu viele Werke. Eine andere Ansetzung der betreffenden Arbeiten erscheint jedoch kaum möglich, man müsste denn annehmen, dass die Regensburger Tafel der beiden Johannes früher gemalt als datiert sei und so noch die letzten Jahre des zweiten Jahrzehntes für die nun folgenden Gemälde gewinnen. Uebrigens deutet in der That Mehreres darauf hin, dass die Entwicklungsphasen in dieser Zeit sich sehr rasch ablösten.

Fünf Szenen aus der Legende des hl. Quirinus.

(M. Verz. I, 10—14). Drei in Nürnberg, Germ. Mus. Zwei in Siena, Akademie.
(Eine der Nürnberger Tafeln ohne Signatur.)

Dass die fünf Tafeln zusammengehören, was schon Janitschek vermutete, ist wegen der Mafse, die — freilich mit Abweichungen von einigen Centimetern — übereinstimmen, wegen der engen Verwandtschaft des Stils und wegen des Helden der Darstellungen, der wenigstens in vier von den fünf Bildern in gleicher Gestalt wiederkehrt, sicher. Der Nürnberger Galeriekatalog bezieht zwei dieser Darstellungen auf die Legende des hl. Stephan mit Unrecht. Dieselbe Jünglingsgestalt nach Typus und Tracht, die angeblich Stephan, auf den beiden Nürnberger Tafeln erscheint, kehrt in den Sieneser Tafeln wieder und einmal hier in einer Situation, die Stephan ausschliefst und Quirin erkennen lässt.[80]) Es scheint nicht, als ob diese Tafeln Teile eines Flügelaltars sind. Dagegen sprechen schon die Schwankungen der Mafse. Zwei von den Nürnberger Bildern haben auch auf der Rückseite Darstellungen, die aber nicht in dem Raum der jetzigen Tafel erfunden zu sein scheinen und, wie sie sich jetzt bieten, für den Beschauer nicht wohl berechnet sind. Vielleicht schnitt Altdorfer die Tafeln aus gröfseren, früher gemalten Bildern aus. Die Bilder in Siena sind auf der Rückseite nicht bemalt. Das Wahrscheinlichste ist: nebeneinander hängend, etwa an den verschiedenen Pfeilern einer Kirche, erzählten die Tafeln das Schicksal des hl. Quirin. Ich nenne die Bilder in der Reihenfolge der dargestellten Ereignisse, doch bin ich nicht überall des richtigen Verständnisses sicher.

1. (Siena.) Der Heilige, eine hohe, anmutige, fröhliche Jünglingsgestalt, nach der Kleidung und Ausrüstung halb Diakonus, halb Pilger, wird bewillkommt von zwei Männern; dem einen von ihnen drückt er die Hand. Links im Mittelgrund stehen zwei andere Männer mit grofsen Pokalen für den Willkommstrunk oder für den Abschiedstrunk. Auf den Abschied des Heiligen von den Seinen kann die Darstellung ganz wohl gedeutet werden. Rechts im Hintergrund warten zwei Krieger. In Siena wird die Darstellung bezeichnet als „Pilgers Heimkehr", Janitschek spricht von einer „Unterredung des Heiligen". Jedenfalls geht die dargestellte Szene den übrigen bekannten Vorstellungen unserer Gemäldefolge voraus. Ob freilich die Serie vollständig in den Tafeln von Nürnberg und Siena erhalten ist, bleibt zweifelhaft.

2. (Nürnberg.) Der hl. Jüngling inmitten einer gröfseren Schar von Schergen und Kriegern wird gefangen auf einer Pfahlbrücke dem Stadtthor zugeführt. Die Stadt im Mittelgrund jenseits des Flusses auf einem Hügel ist prachtvoll von der scheidenden Sonne beleuchtet. Auf der Rückseite eine Mater dolorosa.

3. (Nürnberg.) Von zwei Männern gehalten, steht Quirin vor dem Richter, der rechts unter einem Baldachin thront. Zwischen dem Verklagten und dem Richter steht der Kläger.

4. (Siena). Die Vollziehung des Urteils; das Martyrium. Quirin steht entkleidet inmitten einer grofsen Schar von Schergen und Neugierigen, den Mühlstein um den Hals oben, auf einer Pfahlbrücke. Er soll in den Fluss hinabgestürzt werden.

5. (Nürnberg.) Der aus dem Fluss gezogene, in ein weifses

Tuch gehüllte Leichnam des Märtyrers wird sorglich von frommer Freundeshand, von zwei Frauen und zwei Männern, auf einen Wagen gehoben und geborgen. Auf der Rückseite eine Kreuztragung Christi.

Diese Gemälde zeigen ein neues Stadium der künstlerischen Entwicklung, sie sind selbst von dem kurz vorher besprochenen Bild so stark abweichend, dass alle bisher betrachteten Werke in Vergleichung mit ihnen zu einer Gruppe sich zusammenschliefsen.

Das Tasten, das Schwanken z. B. bei der Wahl des Kopftypus, das Zurückhaltende, Aengstliche, das ungern nur über ganz bescheidene Mafse der Bildfläche und noch mehr der Gestalten hinausging, den Menschen gleichsam in der landschaftlichen Natur versteckte, auch mit der Färbung sich wenig hervorwagte, kurz die Jugendart, die Reize eigner und feiner Prägung trotz grofser Mängel und Schwächen bot, sie ist überwunden. Es ist, als ob neues Selbstbewusstsein über den Künstler gekommen wäre, neue Kraft, vor allem neuer Mut. Die Sprache ist, wenn vielleicht nicht deutlicher und bestimmter, doch klingender, heller, eindringlicher geworden. Die Wirkung, die wir suchen mussten, die mehr fein als stark war, drängt sich jetzt auf. Nun wendet der Künstler in wachem Bewusstsein und Herr seiner eignen Art die Mittel der Wirkung an, freilich zum guten Teil dieselben Mittel, die bisher ihm hilfreich gewesen waren. Jetzt wie früher geht nahezu die ganze Wirkung aus von dem Raum, von dem Licht, von der Farbe. Neu ist das kecke Spannen und Steigern der Effekte über die tägliche Erscheinung der Natur — etwa am Abend und Morgen — hinaus zum Phänomen.

Die Erfindung der Szenen ist weit kühner und freier als früher, aber doch ohne Schärfe, ohne Tiefe. Die Gestalten an und für sich wenigstens überzeugen uns nicht, ergreifen uns nicht. Einen wahren Triumph seiner von jeder Konvention befreiten, originellen und naturalistischen Gesamtanschauung der Dinge bietet Altdorfer in der Anordnung des Martyriums (4. Siena). Bis über $1/3$ der Bildhöhe ragt die Brücke empor mit ihren Pfeilern und Bohlen genau geschildert, unten der Flufs und die Berge am Ufer; oben auf der Brücke aber, in Unteransicht für uns, so dass die Füfse nicht sichtbar sind, drängt sich die dunkle Menschenmasse in feindlicher, neugieriger Hast, gefährlich zusammengeballt auf der schmalen Brücke um den hl. Jüngling herum, dessen nackter Leib mit dem weißen Mühlstein hell aufleuchtet. Das kühne Erfassen der eigentümlichen Situation in den ungewohnten, gewagten Bedingungen des Raumes überzeugt den ersten Blick von der Gefahr Quirins. Das nähere Beschauen der einzelnen Gestalten, der Köpfe fügt dem ersten Eindruck nur wenig hinzu. Die Bewegungen der Gestalten, der Ausdruck der Köpfe sprechen nicht recht.

Die Proportionen der Figuren sind auch jetzt noch etwas zu hoch, doch tritt das als Fehler nur in wenigen Fällen hervor. Die Umrisszeichnung des menschlichen Körpers ist nicht mehr von der übertriebenen Beweglichkeit wie bei der Tafel von 1520 (die beiden Johannes), vielmehr einfacher und einheitlicher, doch oberflächlich, allgemein, ohne Schärfe und Präzision. An Plastik freilich hat die Formauffassung ganz bedeutend gewonnen. Das noch immer sehr geringe anatomische Verständnis versteckt seine Schwächen geschickter als früher unter reicher Gewandung, unter voller breiter Faltenlage. Altdorfer zeigt eine neue Freude an glänzenden, fremdartigen Kleidern. Der Kopftypus erscheint merkwürdig gewandelt, streng genommen, jetzt erst entstanden. Wo es gilt, einen Kopf von formaler Schönheit darzustellen — und mit wachsendem Interesse seit dieser Zeit neigt der Meister sich dieser Aufgabe zu — wendet er von nun an immer häufiger einen feststehenden Typus an, er bildet eine Art Schönheitsideal aus. Der Neigung zu formaler Anmut folgte Altdorfer um so leichter und lieber, als das Interesse am Charakteristischen der Erscheinung, am Individuellen, seiner Natur von vornherein fremd war. Es ist kein Zufall, dass Porträts in seinem Werk fehlen. Uebrigens ging der Regensburger Maler mit seiner Zeit. Auf Dürer folgte B. Beham, auf germanische Individualisierung romanische Typik.

In unsern Legendendarstellungen, zu Anfang der 20er Jahre, zur selben Zeit, da die italienische Architektur dem Meister näher tritt, zur selben Zeit, da er in den Gewändern, in der Beleuchtung, in der Färbung durch Glanz und Pracht und sinnfällige Reize weit stärker als bisher die Zeitgenossen zu fesseln sucht, taucht — als Quirin — zum erstenmal der Jünglingskopf von wohlgefälligem

Schnitt und Typus auf, der dann in späteren Werken eine grofse
Zahl ähnlicher Brüder und Schwestern erhält. Der bei Altdorfer
beliebte, für ihn höchst bezeichnende Schönheitstypus ist mehr
weiblich als männlich, durchaus weltlich, heiter, ohne bestimmte
Struktur, rund, weich, gesund, nicht sehr geistreich, ohne feinere
Einzelzüge, nicht sehr vornehm. Starkes Haar[81]), das in breiten
Massen gern dreigeteilt den Kopf umgiebt, fehlt selten. Jugendliche Gestalten werden von nun immer mehr bevorzugt vor älteren.
Im allgemeinen gewährt der sich stets mehr festigende Typus einen
erfreulichen Anblick, wenigstens ist er eine mehr naive Schöpfung
als das Schönheitsideal der Beham — mit ihnen muss Altdorfer
von nun an verglichen werden — das in weit höherem Grade ab-
geleitet, bewusst ist und mit seinem Ehrgeiz nach klassischem Profil
recht kühl lässt.

Ausdruck der Leidenschaften und Stimmungen im Antlitz zu
geben, wird in diesen Bildern selten versucht und misslingt, wo es
versucht wird. Der Richter, vor dem Quirin steht, sollte wohl als
grausamer Tyrann bezeichnet werden; er verzieht den Mund zu
einem sonderbar starren Lächeln. Darauf beschränkt sich die
Charakteristik. Uebrigens ist dieses verkniffene Lächeln auch dort,
wo es gar nicht passt, als Kennzeichen der Bilder des Meisters in
dieser Zeit beachtenswert.

Sehr viel Neues bietet die Färbung der Quirinbilder: breite
Flächen von intensiver, ungebrochener, prächtiger Lokalfarbe. Besonders beliebt ist ein Purpurrot von satter Tiefe, das weder im
Licht noch im Schatten seine Farbkraft aufgiebt, daneben ein
grünlich schimmerndes Blau von entsprechender Kraft. Die gebrochenen, gemischten Nüancen der früheren Zeit mochten nicht
wirkungsvoll genug erscheinen. Altdorfer arbeitet nun mit bedeutend
verstärkten koloristischen Mitteln. Neu und gut aus der angedeuteten Absicht zu erklären ist das Pinselgold, das hier in breiten
Flächen in den Kleidern aus Goldbrokat erscheint und von dieser
Zeit an in irgend welcher Anwendung fast stets gefunden wird.
Die Wirkung der Darstellungen ist kräftig, eigenartig, selbst pathe-
tisch, doch mit einem leisen theatralischen Beigeschmack. Wenn
die Stimmung des Beschauers durch die tiefe Glut, die breite Pracht

der Färbung, durch das Aufserordentliche der äufseren Zuthaten gesteigert wird, erhöht auch in ihren Ansprüchen, dann erscheinen diese Henkersknechte, dieser Glaubenszeuge an und für sich als gar zu harmlose, unbedeutende Gesellen. Altdorfer that klug, als er sich wenige Jahre später von derartigen, dramatisch gesteigerten Aufgaben zurückzog. Die Pinselführung erscheint breit und schnell, ist aber in ihrer Wirksamkeit nicht mehr so offen sichtbar wie bei früheren Gemälden; es fehlt die strichelnde, zeichnende Thätigkeit des Pinsels.

Vor den Quirinbildern verglich Waagen (Kstwke. u. Kstler. i. Dtschld. I, p. 191) den deutschen Meister mit Rembrandt! Bedeutungsvoll im historischen Zusammenhang sind diese Schöpfungen durch die hohe Freiheit und Kühnheit der koloristischen Absichten, wichtig für die Kenntnis des Meisters sind sie als Zeugnisse einer neuen Entwicklungsphase. Die besten, die natürlichen Gaben der mehr feinen als starken Natur liegen doch nicht hier.

Eng an die Folge der Quirindarstellungen schliefst sich:

Die Anbetung der Könige.
Sigmaringen, Museum (m. Verz. I, 16), ohne Signatur.

Dies Bild, das Scheibler und Eisenmann, die den Katalog von Sigmaringen revidierten, als Arbeit Altdorfers anerkannten, ward merkwürdigerweise auf der Leihausstellung in München (1869) von den besten Kennern angezweifelt und kam mit einem grofsen Fragezeichen in das Verzeichnis Schmidts[82]) (p. 547, No. 9). Dem gegenüber hat Janitschek sich wieder bestimmt für Altdorfers Autorschaft ausgesprochen. Auch uns ist das Gemälde ohne Zweifel eine schöne und charakteristische Arbeit des Meisters aus der Zeit der Quirinbilder. Die Tafel macht den Eindruck kirchlicher Bestimmung. Die Anordnung der Figuren ist ohne Originalität, wesentlich im herkömmlichen Schema.

Links sitzt Maria in Seitenansicht nach rechts gewendet, bekleidet mit einem tiefblauen Gewand — dieselbe Farbe kam in den Quirinbildern häufig vor —, das vollen, gut durchgeführten, aber nicht harten Faltenwurf zeigt. Das Kind auf ihrem Schoss beugt sich zu dem ältesten König, der in Seitenansicht ihm zugewendet, rechts kniet. Zwischen dem greisen König und der Madonna wird der zweite König sichtbar in Vorderansicht. Von ihm wird nicht viel mehr als der Kopf gesehen, aber der Kopf mit dem ausrasierten Bart, der kranzartig das Kinn umsäumt, mit der herabhängenden Nase, den listig gekniffenen Augen, dem verschmitzten Lächeln erinnert an den Richter in Nürnberg (vgl. oben S. 68) und ist sehr charakteristisch für unsern Meister. Der junge dritte König, der Mohr steht rechts, etwas abseits, eine hohe, hölzerne Gestalt, deren Organismus ein überreiches, weites Gewand gnädig verhüllt. Beachtenswert ist die steife Zeichnung, die nahezu parallelen Linien von Wade und Schienbein, da Analogien auch dazu in Nürnberg und Siena zu finden sind.

Für Altdorfer entscheidet der koloristische Effekt, der auf jenen Ton heisser, fremdartiger Pracht gestimmt ist, den unter den Deutschen der Zeit er allein — während einiger Jahre — anzuschlagen liebt. Die Färbung hier, wie in Nürnberg und Siena ist harmonisch trotz der Steigerung der Lokalfarben. Ein außerordentlicher Farbensinn durfte etwas wagen. Je intensiver die einzelnen Lokaltöne sind, um so viel schwieriger ist es, sie zur Einheit zu binden. Das goldig warme Licht legt einen einheitlichen Ton über die Erscheinungen, ähnlich dem färbenden Licht der untergehenden Sonne. Von der Gesamterscheinung des Kolorits giebt vielleicht am ehesten einen Begriff die Bemerkung, dass das wirkliche Pinselgold der grofsen Nimben sich leicht der Harmonie einfügt.

Ganz prachtvoll, von beträchtlicher Tiefe ist der räumliche Eindruck. Der Horizont liegt ganz niedrig; die perspektivische Verkürzung ist sorgsam beachtet, sogar etwas übertrieben. So erscheint der zweite in Vorderansicht dicht hinter der Hauptgruppe sichtbare König etwas zu klein gegen die vorderen Gestalten. Ueberaus reich ist die Tracht; besonders beliebt sind stark und mehrfach gepuffte Aermel, Schnurwerk zum Binden der Kleider und Goldbrokat, für das hier jedoch nicht wirkliches Pinselgold verwendet ist. Die Fleischfarbe ist frisch und hell, zum Teil, bei dem Kind und der Madonna, eigentümlich wachsartig. Der fröhliche, frauenhafte, anmutige Madonnenkopf ist ein gutes Beispiel jenes formal wohlgefälligen, aber etwas leeren Typus', von dem die Rede war. Ueppige, rote Lippen fehlen nicht.

Im Mittelgrund nimmt Aufmerksamkeit in Anspruch eine mit sichtlichem Interesse dargestellte Ruine. Auch der kirchenartige Innenraum in Nürnberg (Quirinbild 3) liefs die nun selbst für konstruktive Aufgaben der Baukunst erwachende Teilnahme erkennen. Hier tritt einem starken, mehrfach gegliederten Pfeiler eine Säule vor mit antikem, wesentlich ionischem Kapitäl — Voluten steigen in diesem Kapitäl von der Mitte nach rechts und links auf. Auf dem Pfeiler und der Säule liegt ein hohes verkröpftes Gebälk, das zweimal übereinander mit gleichem Profil vorspringt. Bis hierher ist alles ganz renaissancemäfsig, ähnlich wie in Altdorfers Holzschnitten B. 50, B. 51, ähnlich auch wie in Holzschnitten Burgkmairs. Von dem Gebälk auf unserm Gemälde aber steigt spitzbogiges gotisches Gewölbe empor. Das Gewölbe ist unfertig geblieben oder verfallen und nur ein Stück, dicht überwachsen von dunkelm Rankengewächs — ein bezeichnendes, köstliches Lieblingsmotiv, das wiederkehrt — ragt mit warmer, übertriebener, aber sehr wirkungsvoller Leuchtkraft des verwitterten Marmors in die kühlere tiefblaue Luft hinein. Mehr im Hintergrund links ist eine Balustrade in etwas wunderlicher Weise einfach auf eine Reihe von Säulen aufgelegt. Sehr selten vergisst Altdorfer eine Balustrade anzubringen.

Am Ende sei noch auf eine koloristische Eigentümlichkeit hingewiesen, die sowohl auf den besprochenen Nürnberger Gemälden als auch hier mit sichtlichem Behagen zur Schau gestellt wird. Warm, dunkel, meist braun lasierend übergeht der Maler grofse Flächen, besonders den Erdboden, die Säulen in Sigmaringen, die Steinstufen in Nürnberg (3. Quirinbild) u. a. und dann setzt er das Licht in scharfem Gegensatz zur Untermalung mit heller graublauer Deckfarbe auf, so Steine am Boden, die beleuchteten Seiten der Stufen in Nürnberg, die vertikalen Lichtstreifen der Säulen u. a. Diese etwas derbe Art, das auffallende Licht zu bezeichnen, bringt einen weniger natürlichen als effektvollen Kontrast von Warm und Kalt in das Kolorit.

Altargemälde in St. Florian.
(m. Verz. I, 15.) Ohne Signatur.

In der Gemäldesammlung des oberösterreichischen Klosters
St. Florian (eine Meile von Enns) sind nicht weniger als 16 Tafeln[83]
auf den Namen unseres Meisters getauft und mit Fug, wie mir
scheint. Von einer genauen Beschreibung der Bilder, die ursprünglich einen oder zwei Altäre des Klosters (einen gröfseren vielleicht
in der Kirche, einen kleineren in der Kapelle des Abtes) bildeten,
sehe ich ab, zumal da ich die Sammlung in unzureichender Zeit
und unter erschwerenden Bedingungen sah, und weil eine ausführ-
liche Besprechung in naher Aussicht steht. Auch möchte ich mich
des neuen Materials vorläufig nicht für die Charakteristik unseres
Meisters bedienen, da wahrscheinlich von vielen Seiten bezweifelt
werden wird, dass die Bilder in St. Florian von ihm sind. Die
beiden erfahrenen Forscher, denen die Gemälde allein bisher bekannt
geworden sind, wenigstens haben sich, wie ich höre, mit Bestimmtheit noch nicht für Altdorfer entscheiden können. Unter diesen
Umständen thut vorerst am meisten Not, so gut es geht, für die
Autorschaft Altdorfers einzutreten.

Ein kräftiges Argument gegen die Autorschaft unseres Meisters
ist das Fehlen der Signatur. Wir hätten es hier mit einem ungewöhnlich umfangreichen, einem Hauptwerk zu thun, und gerade dies
sollte der Künstler nicht bezeichnet haben, der sonst so regelmäfsig
sein Monogramm anbrachte. Etwas verliert das Argument an Kraft,
wenn man dagegen anführt, dass der Meister auch das Bild in
Sigmaringen (freilich von Schmidt bezweifelt), ein Bild in Glasgow
(m. Verz. I, 6; uns unbekannt, auf Waagens Autorität hin aufgenommen), den Regensburger Flügelaltar von 1517 (von Schmidt
bezweifelt) und die Darstellung der Geburt Mariae im Museum zu
Augsburg (m. Verz. I, 27), endlich eine der Quirindarstellungen
(Nürnberg) unsigniert gelassen hat. Auch auf die Möglichkeit darf
hingewiesen werden, dass ein jetzt nicht mehr vorhandener Teil
des Flügelaltars oder der Flügelaltäre in St. Florian die Signatur
zeigte. Alles scheint uns in der That nicht erhalten. Denn aus
den sechs gleich grofsen auf beiden Seiten bemalten Tafeln, die
jetzt zu zwölf Bildern auseinander gesägt sind und die zu zweien

übereinander je einen Altarflügel sehr wahrscheinlich bildeten, lässt sich weder ein Altar mit einfachen, noch ein Altar mit Doppelflügeln [84]) zusammensetzen. Zu einem Altar mit Doppelflügeln fehlen zwei Tafeln oder vier Darstellungen. Aufserdem fehlt die Mitteltafel, die vielleicht auch ein Gemälde von des Meisters Hand zeigte, möglicherweise freilich durch ein Werk der Skulptur ersetzt war. Ganz bestimmt kann man also nicht das Fehlen der Signatur behaupten. Immerhin bleibt der Mangel des uns sichtbaren Monogramms ein gewichtiges Gegenargument, dem ganz besonders starke stilkritische Gründe gegenübertreten müssen, um für Altdorfer zu entscheiden.

Unter diesen zwölf Bildern von gleichen Mafsen sind drei Vorstellungen aus der Legende des hl. Florian: wie der Heilige vor den Thron seines Richters geschleppt wird (1.), wie der Heilige mit Knütteln geschlagen wird (2.), wie der Leichnam Florians nachts von Frauen aufgehoben und geborgen wird (3.). Ein viertes Gemälde ist dem Sebastian gewidmet und stellt dar, wie der Leib dieses Heiligen den Bogenschützen zum Ziel dient (4.). Die übrigen acht Darstellungen dieses Formates schildern die Passion Christi: Christus am Oelberg (5.), Christi Gefangennahme (6.), Christus vor Kaiphas (7.), Geisslung des Herrn (8.), Christus vor Pilatus (9.), Dornenkrönung (10.), Kreuztragung (11.), Christus am Kreuz (12.). Diese letzten acht Darstellungen geben ein geschlossenes Ganze. Was vorangehen oder folgen könnte, würde streng genommen zur Passion nicht gehören. Hier scheint alles erhalten zu sein; und die Passion füllt gerade zwei Flügel auf Vorder- und Rückseite. Dagegen könnten uns fehlende Darstellungen sich wohl noch auf die Legende Florians beziehen, dessen Schicksal in den drei vorhandenen Kompositionen keineswegs vollständig entwickelt erscheint.

Aufser den zwölf gröfseren Tafeln sind in der Klostersammlung vier kleinere von derselben Hand, die sich den Mafsen nach kaum mit dem grofsen Altarwerk vereinigen lassen. Vielleicht sind diese kleinen Bilder Teile eines besonderen, etwa für die Privatkapelle des Abtes gemalten Altares. Die Mitteltafel auch dieses kleinen Altars wäre nicht erhalten. Auf dem einen Flügelbild kniet der Abt Peter von St. Florian betend vor dem Kruzifix (13.); auf einer gleichgrofsen Tafel sind Margaretha und Barbara bei einander sitzend dargestellt (14.). Dazu gehören vielleicht als abgesägte Darstellungen [85]) der Rückseiten zwei andere Bilder, die Grablegung Christi (15.) und die Auferstehung (16.).

Sicher sind alle genannten Stücke ursprünglich für das Kloster gemalt, sicher sind sie alle von einem Künstler, sicher von einem bedeutenden und eigenartigen Künstler. Die Zeit der Entstehung ist ziemlich bestimmt festzustellen.

Czerny bringt aus den Urkunden des Stiftes die Notiz bei, 1509 sei in der Klosterkirche ein Altar geweiht worden dem hl. Florian, dem Markgrafen Leopold, der Katharina, Barbara, Margaretha, Ursula, dem hl. Sebastian. Mit Recht vermutete Czerny, dass die erhaltenen Darstellungen 1—12 von diesem Altare stammen. Allein 1509 können die Gemälde keinesfalls entstanden sein. Den Zusammenhang der Kunstweise dieser Bilder mit den Arbeiten Altdorfers nach 1515 kann niemand leugnen. Sind die Bilder in St. Florian von der Hand unseres Meisters, so sind sie um 1520 entstanden; sind sie von einem anderen, durch Altdorfer stark angeregten Künstler — und eine dritte Möglichkeit scheint kaum vorhanden — so sind sie frühestens im Anfang der 20er Jahre entstanden. Dieser späteren Ansetzung entsprechen die Formen der in grofser Anzahl vorkommenden Baulichkeiten. Entschiedene Renaissancemotive sind darunter, die 1509 nirgends in Deutschland, aufser etwa in Augsburg, zu erwarten sind. Sehr wohl können die Bilder auf dem Altar, der 1509 geweiht wurde, 10 Jahre später aufgestellt worden sein. Nun liest man auf der kleinen Tafel der Auferstehung (16.) grofs und deutlich die Jahreszahl 1518, freilich so grob und lieblos aufgemalt, dass wir die Zahl nicht für eine Datierung des Künstlers halten dürfen. Entscheidende Bedeutung kann diese Datierung nicht beanspruchen, aber ganz übersehen darf sie auch nicht werden. Vielleicht befand sich ursprünglich die Datierung 1518 an einer, jetzt verlorenen Stelle des kleineren Altares und die Zahl ward beim Auseinandernehmen des Altares in der groben Art auf die Tafel 16 aufgeschrieben. Nach Mitteilung Czernys reiste gerade 1518 der Abt Peter, der von 1508 bis 1545 regierte, zum Reichstag nach Augsburg: die Reise führte nach

Regensburg, da mindestens zur Rückfahrt der Weg auf der Donau genommen wurde (Meinung Czernys). Wurden der Altar oder die Altäre überhaupt bei einem auswärtigen Meister bestellt, so war diese Reise die beste, vielleicht einzige Gelegenheit dazu, zumal der Abt selbst für sein Porträt dem Künstler persönlich sitzen musste (Tafel 13). Doch solche Erwägungen führen nicht zur Entscheidung, sie sollen nur zeigen, wie Altdorfer in Regensburg den Auftrag für St. Florian erhalten haben kann. Das letzte Wort hat die Betrachtung der Kunstweise.

Altdorfers Kompositionen der Holzschnittfolge des Sündenfalls als Gemälde ausgeführt in der koloristischen Haltung der Quirinusbilder und der Tafel in Sigmaringen kämen den Tafeln in St. Florian sehr nah. Die Gestalten — die gröfsten reichen etwa bis zur halben Höhe der Tafel — sind frei, kühn, unregelmäfsig, wie zufällig, gern schräg im Raume angeordnet. Der Horizont liegt ganz niedrig. Alles Räumliche erscheint überraschend naturwahr. Der Gesamteindruck entbehrt der Ruhe, des Ernstes, der kirchlichen Würde, der Einfachheit, ist zuerst eigenartig, seltsam, drastisch, spukhaft grausig selbst, doch nie tief erschütternd. Der Beigeschmack von Schauspiel, von Maske stellt sich wieder ein, noch stärker als vor den Quirinbildern. Diese Darstellungsart scheint eher geeignet, die Märchen aus „Tausend und eine Nacht" als die Mitteilungen der Evangelisten zu versinnlichen. Viel Aeufserliches drängt sich auf, viel Zuthat, viel Aufputz an den Kleidern von fremdartigem Schnitt, an den reichen Baulichkeiten. Mit Goldbrokat (in wirklichem Pinselgold ausgeführt), geschlitzten, gepufften Aermeln, mit Geschmeide, Schnurwerk, mit mannigfachen Kopfbedeckungen, Turbanen und Hauben kann dieser Künstler sich kaum genug thun. Die Gestalten sind hoch über das Gewöhnliche mit eckigen Schultern, langen, mageren Gliedmafsen, anatomisch etwas besser verstanden als in Altdorfers frühen Arbeiten, doch ohne Genauigkeit und schärfere Bestimmtheit, wie mit sorglosem Leichtsinn gezeichnet. Der Umriss des Nackten hat mehr Einziehung und Ausbuchtung, mehr Detail als auf den Quirindarstellungen und erinnert in diesem Betracht an das Bild der beiden Johannes von 1520 in Regensburg. Auffallend und hässlich ist der oft wiederkehrende hagere und etwas gebogene Oberschenkel. Wie die Auffassung der Szenen übertrieben aufgeregt, so sind die Bewegungen der Gestalten von wilder Hast, dabei ohne zielfeste Energie und Kraft. Kühne Verkürzungen und Ueberschneidungen der Glieder sind häufig, Stellungen im Kontrapost sehr beliebt.

Die Köpfe sind sehr verschiedenartig. Etwas allen Gemeinsames lässt sich kaum feststellen, die meisten sind sehr hässlich, viele von karikierter Bildung. Die Nasen sind häufig herabhängend, aber auch gestülpt, dann wieder mit mehrmaliger Ausbiegung des Nasenrückens. Der sehr häufig, auch an unpassender Stelle wiederkehrende Ausdruck ist blinzelndes Funkeln der Augen und hämisches Lächeln. Hin und wieder taucht ein lieblicher Frauenkopf mit den Formen des späteren Schönheitstypus Altdorfers auf, z. B. bei der Kreuzigung (12.) ganz links. Im ganzen ist der Künstler dieser Tafeln noch in der älteren Generation zwischen Dürer und Grünewald vor allem bestrebt Charakteristik und dramatisches Leben zu geben, freilich mit halbem Erfolg. Wer die Bilder dem Regensburger Meister zuspricht und geneigt ist an die Beziehung zwischen ihm und Grünewald zu glauben, der wird auch von hier aus mehr als einen Faden zu der Art des Aschaffenburgers hinüberspinnen können. So erinnert die derb naturalistische Darstellung der körperlichen Verletzungen Christi und der Schächer an Grünewald. Dergleichen vermeidet Altdorfer gewöhnlich.

Aus der grofsen Menge der architektonischen Formen, die mit lebhaftem Interesse ausgeführt den Vorgängen eine reiche, glanzvolle Szenerie schaffen, hebe ich einiges hervor, das geeignet ist für die Autorschaft unseres Meisters zu zeugen. Die Renaissanceform tritt hier mit grofser Macht, anspruchsvoll, doch vielfach in ungeklärten oder halbverstandenen Bildungen auf. Von dem konstruktiven Verständnis, den harmonischen Verhältnissen, der einfachen Monumentalität der Augsburger Renaissance ist wenig genug zu bemerken. Wie bei Altdorfer stets fast, ist hier die Architektur farbig. Die Decken sind mehr als einmal gotisch gewölbt; auch sonst fehlt es nicht an gotischen Elementen, ganz regelrechtes Mafswerk kommt noch vereinzelt vor.

Der Delphin, ein architektonisches Lieblingsmotiv Altdorfers in zwei Anwendungen, als Eckakroterion eines Giebels und als Vermittelung zwischen einer horizontalen und einer vertikalen Linie (vgl. für erstere Anwendung Holzschn. B. 50, für letztere das Gemälde von 1526 in München, Susanna-Darstellung[86]) findet sich auch hier in St. Florian mehrere Male in beiden Verwendungen. Die Balustrade aus plumpen Säulchen fehlt ebensowenig wie das mit geschwellten Speichen gefüllte Radfenster (vergl. den Palast auf der Susanna-Darstellung). Die Kassetierung kommt zwar noch nicht bei flachen Decken vor, wie es später bei Altdorfer sehr beliebt wird, wohl aber schon bei Tonnengewölben, an Thorbogen. Die Füllung von Rundgiebeln, von Nischen- und Apsiswölbungen in Muschelform tritt auf bei Holzschn. B. 50, bei dem Gemälde in Augsburg (Mariae Geburt, m. Verz. I, 25) und hier in St. Florian.

Die Freude an grellen Lichteffekten ist hier nicht geringer als bei den Quirinbildern. Gern werden die Szenen durch Fackellicht scharf und ungleichmäfsig erleuchtet. Ganz besonders bezeichnend aber sind die mehr als einmal hervortretenden Sonnenaufgangs- oder Sonnenuntergangsdarstellungen. Dabei arbeitet der Künstler mit den letzten Mitteln auf eine möglichst brillante Wirkung, die Lichtquelle selbst bezeichnet er im naiven Vertrauen, sie überhaupt darstellen zu können mit der höchsten Note seiner Palette, mit Pinselgold. Rings um den goldenen Mittelpunkt taucht er den Himmel in feuriges Purpurrot, dann in weiteren Kreisen in tiefe, schwarze Finsternis. Genau derselbe hier zwei- oder dreimal wiederkehrende Effekt, der mehr an Feuerwerk als an die Naturerscheinung erinnert, ist mit genau denselben Mitteln auf einem der Quirinusgemälde (5., Nürnberg) erreicht. Wirkliches Gold aber zur Bezeichnung der Sonne verwendet Altdorfer auch 1529 (Gemälde, München, Schlacht bei Arbela, m. Verz. I, 24) und dieser kleine Kunstgriff mag als spezielles Eigentum unseres Meisters sich leicht aus seiner Geschmacks- und Phantasierichtung erklären lassen.

Von den Farben der Kleider gilt im allgemeinen das, was oben vor den Darstellungen der Quirinlegende bemerkt wurde. Die Lokalfarben sind von grofser Kraft und sinnfälliger Schönheit. Neben dem Purpurrot spielt eine grofse Rolle Lichtblau, das zwar nicht auf den Quirinbildern, wohl aber in fast allen anderen, früheren und späteren Bildern des Malers sich einstellt. Daneben erscheint in St. Florian ein sehr gewähltes, helles Grauviolett, das uns sonst nicht begegnet bei unserm Meister.

Die Stilbetrachtung macht uns geneigt, die Gemälde in St. Florian Altdorfer zuzusprechen und ihre Entstehung dann zwischen 1518 und 1521 anzusetzen. Dasselbe Datum ergeben die Erwägungen über die Zeit dieser Bilder, wenn sie ganz unabhängig von der Frage nach dem Künstler angestellt werden. Das Uebereinstimmen der Ergebnisse scheint ein weiteres Zeugnis für die Autorschaft Altdorfers.

III.

Altdorfers Werke zwischen 1521 und 1538. Zeit der Ruhe und Reife. Altdorfer als Kleinmeister.

Schon 1521 schloss Altdorfer ab mit der erregten Epoche des Uebergangs. Das lehrt ein aus diesem Jahre stammendes Gemälde

Die Verkündigung.
Hamburg, bei Konsul Weber (m. Verz. I, 17), dat. 1521.

Aus einem Flügelaltar stammt die Tafel wohl nicht, doch war sie der Auffassung nach für die Kirche bestimmt. In einer mäfsig grofsen, mit Tonnengewölbe bedeckten Säulenhalle kniet rechts Maria. Das aufgeschlagene Gebetbuch liegt auf einem Pulte rechts neben ihr. Der Botschaft des von links in die offene Halle schwebenden Engels lauschend blickt sie nun schamhaft zur Erde mit zusammengelegten Händen. Ihr Kopf ist in Vorderansicht uns zugewendet. Der Engel in weifsem, weitem Gewande schwebt ruhig wenig über der Erde nah an die Jungfrau heran. Wir sehen ihn in Seitenansicht. Links über dem Engel aufserhalb der Halle wird noch ein wenig Hügelland am Horizont und ein Stück ruhigen, blauen Himmels und im Himmel die kleine Halbfigur des herabsegnenden Gottvaters sichtbar.

Die Anordnung ist ohne Originalität, ohne malerischen Reiz, nichts von der Altdorfer früher eigentümlichen, regellosen malerischen Verschiebung der Figuren mit Benutzung der räumlichen Tiefe. Wir vergleichen die Kompositionen der Verkündigung, die der Meister früher in Holzschnitten (B. 7, B. 44) geboten hat. In dem Schnitt B. 44 safs Maria ganz klein im Mittelgrund, während der Engel ganz vorn, sehr grofs und vom Rücken gesehen wurde.

Auf unserem Gemälde von 1521 dagegen sind die im Verhältnis zur Tafel recht grofsen beiden Gestalten gleichweit vom Auge des Beschauers entfernt; die Handlung bewegt sich in der Richtung der Malfläche. Früher safs Maria in einer niedrigen, deutschen Stube, in halbem, dämmerigem Licht, jetzt in einer offenen, südlichen Halle, die von hellem, kühlem, gleichmäfsigem Licht durchhellt ist. Dort war ein intimer, heimlicher Eindruck erreicht, hier ist der Gesamteindruck festlich, prächtig. Diese Renaissancehalle mit den vergoldeten Kapitälen, den regelmäfsig gemusterten Fliesen am Boden scheint der Werkmeister eben verlassen zu haben. Alles ist klar, regelmäfsig, neu. Früher beobachteten wir die Freude an malerischer Unebenheit, an Ruinenmotiven. Die Färbung, die schon bei den zuletzt betrachteten Bildern mit intensiven Lokalfarben aus dem einheitlichen Gesamtton heraustrat, ist hier fast ausschliefslich durch das Nebeneinanderstehen von bestimmten, selbst bunten oder harten Lokalfarben gegeben. Der Gesamtton ist weit kälter, nüchterner als irgendwo auf einem früheren Gemälde. Das gleichgültige, diffuse, stimmungslose Mittagslicht liegt nichts bevorzugend, nichts verhüllend über den Erscheinungen.

Freilich bedarf es hier weniger als bisher des Versteckens, des Vertuschens. Die Zeichnung ist korrekt, merkwürdig sicher bei den verhältnismäfsig grofsen Mafsen, wenn auch ohne feinere Einzelheiten, etwas leer. Die Formenauffassung erscheint beträchtlich gewandelt gegen früher; volle, runde, feste, einheitliche Linien sind bevorzugt. Die Figuren sind von mittleren Proportionen — bisher waren die Proportionen stets mehr oder minder übertrieben hoch —, von gesunder, breiter Entwickelung. Die Köpfe, etwas schematisch, maskenhaft, ohne rechte Beseelung und gar nicht individuell, sind von klarer, plastisch bestimmter Schönheit. Die etwas herabgezogene, sonst regelmäfsige Nase, der volle, fast üppige Mund, das runde stark gewölbte Kinn, die mittelhohe Stirn, die offenen Augen, die bestimmt angegebenen, wohl gewölbten Brauen, alle Teile stehen zu einander im richtigen Gröfsenverhältnis und geben zwar nicht den Anblick eines geistreichen und eigenartigen, doch eines formschönen, mit sicherem Geschmack gezeichneten Kopfes. Wir vergleichen den Madonnenkopf von dem Wiener Gemälde von 1515, um zu sehen, wie vollständig sich nun der Typus geändert hat. Das Haar ist jetzt sehr stark, wie künstlich gelockt und in Dürers Weise auf dunklem Grund mit feinem Pinsel Faden für Faden aufgedeckt (also ganz anders als früher). Die Bewegung ist gemäfsigt, einfach. Die Bewegung der Gestalten war von 1510 bis 1520 bei steigender Freiheit der Zeichnung stets stärker, mannigfacher geworden; nun gemessene Ruhe.

Die Gewandung ist weit sorgsamer, eingehender behandelt, durchmodelliert als früher, sie bauscht sich reich und vielfach in weichen runden Linien, fliefsend, ohne Härten. Die Malweise ist fester, verschmelzender, gleichmäfsiger, behutsamer geworden; die gussartig geschlossene Fläche verrät nichts von der Thätigkeit des Pinsels.

In der künstlerischen Entwickelung Altdorfers bedeutet dieses Werk einen scharfen Einschnitt. Mit ihm dürfen wir die zweite und letzte Hauptepoche der Kunst des Meisters beginnen. Die stilistischen Merkmale der späten Bilder (1521—) im scharfen Gegensatz gegen die frühen (—1521) sind diese: richtige oder gar untersetzte Proportionen der Figuren; gelassene, undramatische, meist heitere Auffassung; besonnene, oft selbst symmetrische Anordnung; mafsvolle, einfache Bewegung; geschmackvolle, zierliche Form; Verzicht auf stärkere, tiefere Wirkung; intensive, selbst bunte Lokalfarben; feste, mit dem Email wetteifernde Malweise.

Zum Teil ist die grofse Wandlung ein Werk italienischen Einflusses, der weniger unmittelbar als mittelbar seinen Druck übte. Im dritten Jahrzehnt des Jahrhunderts glättete, zähmte, milderte die italienische Kunst ganz allgemein und allenthalben den deutschen Formensinn, nahm ihm Charakter, Eigenart und das Gepräge der Rasse, gab dafür allgemeingültige Formenideale. Altdorfer folgte der Zeitströmung, sie ward ihm minder gefahrvoll als irgend einem andern. An den Klippen der Manier ist er nicht gestrandet. Viel von seiner Naivetät, das Beste seiner Persönlichkeit, die Freude an der landschaftlichen Natur, den Sinn für Farbe — der zuerst fast stets den nordischen Italienfahrern verloren ging — hat er bewahrt und am Ende konnte er nicht verlieren, was er nie recht besessen hatte, da er nun anstatt Ausdrucks und Charakters mehr den Reiz der äufseren Form suchte.

Als Kupferstecher in den 20er Jahren steht Altdorfer innerhalb der jüngeren Generation. Die allermeisten seiner Stiche — fast alle oben nicht erwähnten — stammen aus dieser Zeit. Es giebt viel Gemeinsames zwischen ihnen[87]) und den gleichzeitigen Schöpfungen der Beham. Man mag das Gemeinsame mit dem Begriff: „Stil der Kleinmeister" zusammenfassen. Mit einem gewissen Recht in der That wird Altdorfer unter die Kleinmeister eingereiht, falls nämlich dabei an die jüngeren Arbeiten seines Stichels nur gedacht wird. Er ist beträchtlich älter als die Beham. Dennoch würde man sehr mit Unrecht dem Regensburger Meister die Initiative für die Ausbildung des Kleinmeisterstils zusprechen. Die Initiative ist durchaus bei den Beham, wahrscheinlich bei B. Beham; der Regensburger folgt. Das Eigentümliche des Stils ist bei den Nürnbergern weit entschiedener, bewusster und besser ausgesprochen als bei Altdorfer. Zwischen den beiden Gruppen des Stecherwerkes unseres Meisters ist kein Uebergang, sondern ein Sprung; es fehlen die Zwischenglieder, so dass wir ohne weiteres beim Durchmustern der Blätter zur Erklärung der jüngeren Arbeiten eine bestimmende Kraft von aufsen vermuten. Die Beham treten gleich beim Beginn ihrer Thätigkeit mit einer fertigen Kunstweise, mit einem abgeschlossenen Programm gleichsam auf. Schon 1520 scheint ihre Absicht, im kleinen mit deutscher, mit Dürers Technik italienische Form, italienische Komposition zu verbinden. Die Neigung für heidnische Gegenstände, für „antikische" Form, für die plastisch isolierte Menschengestalt, die einerseits zum kühl Akademischen, andererseits zum Obscönen entartet, kommt in die deutsche Kunst wesentlich durch die jungen Nürnberger Stecher. Als im Anfang der 20er Jahre die ersten Arbeiten der Beham erschienen, wurde Altdorfer durch dieselben lebhaft angeregt[88]). Schon das kleine Format mag ihn verwandt berührt haben. In dieser Zeit griff der Meister wieder häufig zum Grabstichel und schuf eine grofse Anzahl von Stichen, die dem Geschmacke der Beham, der nun Zeitgeschmack, eine Mode wurde, genähert sind.

Diese zweite Gruppe erscheint recht einheitlich nach Formbehandlung und Technik. Zu dem terminus post quem, dem Auftreten der Beham (um 1520), gesellen sich als Mittel der Datierung ergänzend und bestätigend die oben genannten Blätter, die die „schöne Maria von Regensburg" darstellen und nicht lange wohl nach 1520 entstanden sind (B. 12, B. 13). Sie gehören zu den unvollkommensten, wahrscheinlich frühesten Arbeiten dieser Gruppe. Ferner lässt sich der Stich des Lutherporträts (B. 61) annähernd vielleicht datieren. Dieses Lutherporträt ist kopiert nach Cranachs Kupferst. B. 6 von 1521 (nicht nach Hopfers Radierung von 1523, die ebenfalls nach Cranach gemacht ist). Da unser Meister diesen Stich nur des gegenständlichen Interesses wegen ausführte, um seinen Landsleuten die Züge des Reformators zu vermitteln, so darf man annehmen, dass er das nicht allzu lange nach 1521 that, weil später das Porträt des inzwischen gealterten Mannes kaum Interesse beanspruchen konnte. Das Lutherporträt Altdorfers, das demnach wohl nicht viel später als 1525 entstanden sein kann, gehört zu den technisch vollkommensten Arbeiten dieser Gruppe. Allem Anschein nach entstanden alle diese stilistisch eng verwandten Blätter in den Jahren 1521 bis 1526. Seit 1526 ist Altdorfer durch das Amt des Stadtbaumeisters stark in Anspruch genommen, während er mit grofsem Erfolg und in beträchtlichem Umfang als Maler thätig bleibt. Im Jahre 1529 schlägt er die ihm angebotene höchste bürgerliche Ehre, das Amt des Bürgermeisters von Regensburg, aus, weil er durch den Auftrag des Schlachtgemäldes für den bayerischen Herzog ganz in Anspruch genommen wird. Unter solchen Verhältnissen ist es sehr wahrscheinlich, dass er seit 1526 etwa nicht mehr für den Kupferstich arbeitete, wie er seit 1523 ungefähr bereits aufgehört hatte, für den Holzschnitt thätig zu sein[89])

Einige Stiche, die der Technik nach zu der zweiten Gruppe gehören, sind kopiert nach italienischen Werken, sie beweisen, dass unser Meister in den 20er Jahren im Sinne und wohl unter der Anregung der Beham bewusst sich der italienischen Kunst anschloss.

B. 38 ist kopiert nach Marcantons B. 279.
B. 34 „ „ „ „ B. 297.
B. 33 „ „ „ „ B. 313.

— 84 —

Diese drei Kupferstiche, die als Kopien nach Marcanton seit lange erkannt sind, haben gleiche Mafse, sind wohl gleichzeitig gearbeitet; B. 33 und B. 34 erscheinen wie Gegenstücke.[90]

P. 106 (S. 74), Ornamentstich, ist kopiert nach dem italienischen Niello P. 70 (Dutuit 366) in der Sammlung Rothschild. Dies wies Lichtwark (Ornamentstich, p. 143) nach.

Dass B. 37, der Kentaur, nach einer italienischen Plakette gearbeitet sei, vermutete Stiassny, ohne das Vorbild zu kennen, sehr glücklich. Die mit ganz geringen Aenderungen benutzte Plakette, die das Bild von der Gegenseite zeigt, befindet sich in Berlin (Museum No. 662, Abb.: Beschreibung der Bildwerke der christl. Epoche Tf. 32, cf. Molinier, Les Plaq. No. 20).

Altdorfers Kupferstich B. 28 ist eine gegenseitige Kopie der italienischen Nielle P. 656 (I, p. 322), die Dutuit (Manuel I, b. p. 196) unter No. 344 beschreibt und die abgeb. ist bei Delaborde, la gravure, précis élémentaire p. 67.

Angenommen nach dem Eindruck des Stiches hatte dies schon Stiassny bei B. 28, ferner bei B. 30, 31, 32, 35, 39. Das Vorbild aufzufinden, gelang mir zwar nur bei B. 28, doch glaube ich, dass wenigstens auch für B. 32 Stiassnys Annahme das Richtige traf.

Die Aufzählung aller Blätter der zweiten Gruppe ist nicht notwendig, da die beschriebenen Stiche des Meisters sämtlich hierher gehören mit Ausnahme der oben genannten, mit Ausnahme also von B. 8, 15, 16, 22, 25, 59, 62, P. 97 (S. 23), 99 (S. 49), 102 (S. 65 = P. 103 (S. 64), Ottley 27 (S. 25), S. 65 A[91])

Die unvollkommensten, wohl frühesten Kupferstiche der zweiten Gruppe sind aufser denjenigen, die die „schöne Maria" darstellen: Ottley 24 (S. 13) und B. 6, 7, 20, 36[92]) 44. Ottley 24 ist sehr selten (Nürnberg, Germ. Mus. ein Exemplar); dargestellt ist die Mutter Gottes, vielleicht die „schöne Maria" (nicht deutlich), die dem Evangelisten Johannes erscheint. Die anderen fünf gehören dem Stil und den Mafsen nach eng zusammen, zugleich eng zusammen mit B. 13 („schöne Maria").

Als Beispiele der technisch vollkommensten und schönsten Arbeiten dieser Gruppe seien genannt B. 14, 42, 50[93]).

Wir versuchen das Wesentliche und Charakteristische des Stils dieser Stiche aus den 20er Jahren festzustellen mit Betonung des Gegensatzes gegen die älteren Blätter und mit besonderer Berücksichtigung der besten hierher gehörigen Arbeiten. Das kleine Format hält Altdorfer nun noch entschiedener und gleichmäfsiger fest als früher (gern z. B. 60 × 40 mm). Einzelfiguren oder wenige Gestalten in ruhigem Beieinander stellt er hier mit Vorliebe dar. Weniger ein Ereignis, eine Bewegung, eine dramatische Beziehung, weniger Ausdruck, Charakteristik einer Individualität ist Inhalt und Reiz dieser kleinen Stiche als vielmehr typische Schönheit der Form, Grazie der Bewegung, die gefällige Linie des Umrisses, das Nackte. Die Figuren sind meist grofs im Verhältnis zur Blattgröfse; oft füllt eine Gestalt den ganzen Raum. Das Landschaftliche spielt hier fast gar keine Rolle. Altdorfer — wie die Beham, nur mit geringerem Erfolg — sucht der Antike nicht nur im Gegenstand, auch in der Form sich zu nähern, der Antike, wie sie aus mittelbarer Ueberlieferung den deutschen Kleinmeistern vorschwebte. Dass der Regensburger Meister eine italienische Plakette kopierte, die Thatsache wirft ein Licht auf den Weg, den diese Ueberlieferung nahm. Etwas von der Plastik, vom Reliefstil, von statuarischer Pose ist mehr als einmal in den Stichen zu finden. Die Proportionen sind viel niedriger, untersetzter als früher; sehr häufig erscheinen die Köpfe zu grofs, zu schwer gegen die Körper (der entgegengesetzte Fehler wie bei den frühen Arbeiten). Die Zeichnung der rundlichen, zierlichen Leiber ist etwas leer und allgemein, ohne Feinheiten, ohne Einzelheiten, aber auch ohne auffällige Fehler, ohne anatomisches Verständnis, doch von formalem Takt und gefälligem Geschmack. Die Glieder sind ruhig bei einander gehalten mit Vorliebe, die Bewegungen einfacher, runder, milder, vornehmer als früher. Kontrapoststellungen sind selten. Die Köpfe sind meist kugelrund, hübsch, jugendlich, heiter, mit üppigem Mund, weit geöffneten Augen und häufig leicht gebogener Nase. Der Umriss des Nackten ist bei weitem nicht so geistreich bewegt wie bei den Beham.

Im Technischen bedeuten diese Stiche einen Fortschritt gegen des Meisters Stechweise um 1510, wenngleich sie an Feinheit, farbiger Kraft und Reichtum der Tonabstufungen die Arbeiten B. Behams aus den 20er Jahren nicht erreichen. Der Hintergrund hat meist den mittleren Grad des Lichtes, so dass die Gestalt mit ihrem Schatten sich dunkel, mit ihrem Licht hell vom Grunde löst. Freilich liegt das Licht jetzt meist nicht unmittelbar am Umriss der Gestalt, sondern mehr im Innern der Form. Im ganzen giebt es jetzt nicht mehr so grofse weifse, tote Flächen wie früher; das Papier ist gleichsam besser überwunden. Der Gesamteindruck ist tiefer, farbiger, plastischer, voller und weicher. Die Schraffierungslinien runden sich besser nach der Form, sind mehr systematisch angelegt, gleichmäfsiger, fester, kräftiger, weniger fein und kritzlig. Punktierung zur Vermittelung des Lichtes mit dem Schatten ist häufiger als früher angewendet.

Lehren die Kupferstiche, dass Altdorfers Auffassung der Form in den 20er Jahren beträchtlich sich geändert hat, so werden wir begierig nach Gemälden seiner Hand suchen, in denen das Neue in Farbe und Zeichnung sich ausspricht, klarer noch als in dem Bilde des Jahres 1521.

Die Geburt Christi.
Wien, kunsthist. kaiserl. Samml. (m. Verz. I. 19.)

In Wien, wenig gekannt, lange Zeit verborgen im Depot des Belvedere befindet sich ein kleines Bild des Meisters, das etwa 1523 anzusetzen ist. Dargestellt ist die Anbetung des Kindes. Das nächtliche Dunkel wird schwach aufgehellt durch den Frühschein der aufgehenden Sonne, hie und da, ungleichmäfsig wird eine Stelle durch schwaches künstliches Licht erleuchtet. Im Freien ist der neugeborene Heiland gebettet. Links kniet Maria in Seitenansicht vor dem Christkind, das auf Linnen am Boden liegt. Die Madonna, eine liebliche, köstliche Gestalt, voll natürlichen, frohen Mutterglücks, legt die Hände nicht in der üblichen Gebetgeste zusammen, sie drückt die Hände mit gekreuzten inneren Flächen aufeinander in überaus freier, menschlich empfundener Bewegung gehaltenen, freudigen Staunens. Joseph steht mehr links mit brennender Kerze in der Hand, merkwürdig jugendlich. Altdorfer selbst hatte 1510 und 1515 noch Joseph als Greis dargestellt. Die

Wandlung ist höchst interessant und wichtig. Des Malers ganze Gestaltenwelt verjüngt sich in den 20er Jahren. Das hängt wohl mit den neuen Bedürfnissen nach formaler Schönheit zusammen. Hier erscheint die Gestalt des Vaters schlank und edel, der Kopf anmutig von fast zu zarter Bildung. Um das Christkind sind kleine Engelknaben beschäftigt, der eine legt seine Hand unter den Kopf des Kindes, um es weicher zu betten, der andere schüttelt eine Spielklapper zur Erheiterung des Neugeborenen. Rechts kommen Mägde herbei mit Stalllaterne, mit Krug und Wanne, dem Kinde das Bad zu bereiten. Durch die Mitteilung der Motive ist die Auffassung bestimmt. Wir vergleichen das Bremer Bildchen desselben Gegenstandes von 1507, das ganz ähnliches wollte. Aber die dort halbe und zwittrige Stimmung ist hier klar und rein zum Ausdruck gebracht. Dies Gemälde ist vielleicht überhaupt der beste Wurf, der unserem Meister gelungen ist; wenigstens giebt es kein zweites Bild Altdorfers, bei dem Format, malerischer Vortrag, zeichnerisches Vermögen, Gegenstand und Auffassung sich so wohl decken, so harmonisch zusammenwirken wie hier. Von vorn herein ist die Aufgabe derart gefasst, dass von den vielen Ausdrucksmitteln, die unserem Meister nicht zu Gebote standen, keines notwendig ist, keines darum vermisst wird. Von dem künstlichen Steigern der Kräfte, das den Arbeiten zwischen 1515 und 1520 eigen war, hält der Meister jetzt (und später) sich klug zurück. Dürers Name mit Recht wird zuerst genannt, wenn von den nordischen Malern gesprochen wird, die die biblischen Ereignisse aus allen Banden der Kultusauffassung, der traditionell-kirchlichen Kunstform heraus auf die elementar menschlichen, natürlichen, alltäglichen und deshalb ewigen Beziehungen zurückgeführt haben. Doch nirgends hat Dürer in dem Grade wie Altdorfer hier die malerische Behandlung, Färbung und Beleuchtung dieser modernen Auffassung dienstbar gemacht, um den Stimmungsgehalt der biblischen Erzählungen auszuschöpfen. Ein Gemälde von so intimer Wirkung zu finden wie dies bescheidene Bildchen des Regensburger Meisters, müssen wir über Elsheimer hinaus, der ganz doch nie das Akademische seiner Zeit verleugnet, bis zu Rembrandts kleinen „Holzhackerfamilien" hinaufsteigen.

Ort und Zeit fügen sich zu geschlossener, echt weihnachtlicher Stimmung; heimlich und still liegt der beschneite Erdenwinkel in dem dämmerigen Licht. Ganz unterdrückt hat unser Meister die neue Lust an architektonischer Erfindung, die ihn seit 1520 nicht mehr verlässt, selbst hier nicht. Im Mittelgrund erblicken wir von aufsen einen schönen Renaissancebau (polygonale Centralanlage!), der, obwohl mit Sorgfalt und Verständnis gezeichnet, durchaus nicht aufdringlich hervortritt und keinen fremden Ton in den Eindruck bringt. Die bescheidene Zuthat ist auch eine von den Anzeichen der neuen Richtung, 1507 ward das Christkind zwischen wüsten, ausgebrannten Mauern verehrt.

Die Zeichnung der Gestalten, der Gewänder hier darf als scharf und fein bezeichnet werden, sie ist schlechthin vortrefflich — bei den geringen Ansprüchen der kleinen Mafse. Die Proportionen sind noch etwas hoch, die Bewegung noch ein wenig heftig. Das erinnert von fern an frühere Arbeiten des Meisters und das vor allem veranlasst, dies Gemälde um 1523 anzusetzen, da die von 1526 datierten und die folgenden Bilder besonders in dieser Beziehung noch mehr abweichen von der älteren Art.

Zu der malerischen Ausführung hat sich die Freiheit und Kühnheit des echten Koloristen mit der genauen Feinheit des Miniaturmalers verbündet. In geistreich wechselnder Art ist der Pinsel gehandhabt. Das Ganze scheint mit dunklem, durchsichtigem Braun untertuscht. Die unregelmäfsig fleckige Untermalung steht in grofsen Partien zu Tage (Renaissancebau, der Fels links). Darauf sind andere Partien in festen Flächen mit pastoser Deckfarbe aufgelegt, in dieser Weise sind alle feineren Formen herausgehoben; manches' ist mit spitzem Pinsel aufgetupft, so z. B. die feinen Blättchen des Gewächses, das den Felsen überspinnt. Die Kleider haben trotz des schwachen Lichtes recht kräftige, bestimmte und einfache Farben.

Susanna im Bade.
München, Pinakothek (m. Verz. I, 21) dat. 1526.

Vorn auf blumigem Rasen dicht an den Mauern der weiten, prachtvollen Palastanlage, die sich zur Rechten erhebt, badet Susanna. Vollkommen bekleidet mit reichem, ziervollem Gewand sitzt sie auf einem niedrigen Schemel, auf dem Schofs ein Hündchen, in der einen Hand eine Frucht und hält die nackten Füfse in eine Schale, die am Boden steht. Eine Gespielin giefst ein in das Badegefäfs und prüft mit der Hand die Temperatur des Wassers. Eine andere Gespielin oder Dienerin steht etwas mehr rechts mit Korb, Schlüsseln und einem Salbgefäfs in den Händen, eine dritte steht hinter der Herrin links und strählt das prächtige Haar der Badenden. Die beiden lüsternen Greise werden weiter links sichtbar. Sie kriechen aus dem Buschwerk hervor. Nur der Kundige vermag ihre böse Absicht zu erraten. Nicht weniger als alles fehlt, den eigentlichen Vorgang klar zu machen. Harmloser, weniger dramatisch, weniger den Kern der Sache treffend, kann die Scene nicht dargestellt werden. Susanna müsste allein sein, drei Begleiterinnen sind bei ihr; sie müsste an einem verlassenen, entlegenen Ort überrascht werden, der Maler verlegte das Bad dicht an den Palast; Susanna müsste entkleidet sein, das ist sie keineswegs. Altdorfers Phantasie lebte behaglich im Zuständlichen. Der Meister meidet nach Möglichkeit die Darstellung von Ereignissen. Seine Kunst drängt gleichsam auf neue Gebiete: zum Genre und zur Landschaft. Und, da die Aufgaben, die an ihn kamen, solcher Neigung nicht entsprachen, so hat er naiv und unbedenklich die Spitze des gegebenen Ereignisses abgestumpft zu breiter Zustandsschilderung.

Die Figuren des Vordergrundes sind sehr klein im Verhältnis zur Bildhöhe. Rechts im Mittelgrund auf dem erhöhten und umfriedeten Vorplatz des Palastes spielen sich die weiteren Scenen der Susannaerzählung ab, in winzigen Figuren, kaum noch erkennbar. Hier werden die lüsternen Greise gesteinigt. Die offenen Hallen des Palastes, die Fenster und Galerien der oberen Stockwerke sind mit vielen ganz kleinen Gestalten bevölkert.

Ueber der ganzen Darstellung liegt sehr helles, gleichmäfsiges Mittagslicht. Die Luft scheint merkwürdig klar; alle Lokalfarben strahlen und funkeln in höchster Kraft. Die Wirkung der Schatten ist so viel wie möglich beschränkt. Das nichts weniger als farbenfrohe Auge des modernen Galeriebesuchers, das an Bilder gewöhnt ist, die Zeit und Restauration „harmonisch" gestimmt haben, tadelt unser Bild mit einem gewissen Recht als „bunt". Das Gemälde ist unvergleichlich gut erhalten.

Die Entwicklung des Kolorits bei Altdorfer ist sehr merkwürdig. In der Jugend ist der Meister zurückhaltend in der Färbung, stellt die Wirkung hauptsächlich auf Hell und Dunkel und fügt fast ängstlich einige zarte, gebrochene Lokaltöne ein. Im Alter dagegen kümmert er sich wenig um die Lichtverhältnisse und häuft alle Kraft und Liebe auf die Lokalfarben. Nichts ist bezeichnender für die Lust an dem sinnlichen Reiz der Farbe als solcher als die Verwendung von Pinselgold. Auf unserm Gemälde ist das Licht auf den Kleidern der Frauen im Vordergrund mit Gold überaus sorgsam und vorsichtig aufgestrichelt. Dieses Verfahren, das — so weit uns bekannt ist — bei keinem anderen deutschen Künstler dieser Zeit, übrigens auch bei Altdorfer sonst nirgends vorkommt, gehört eigentlich einer primitiven Kunststufe, es ist unmalerisch. Wirkliches Gold auf der Bildtafel entzieht sich schlechthin allen Bedingungen der Beleuchtung und der Farbenperspektive. Obgleich nun das Gold gerade in unserem Gemälde zu vorsichtig und geschmackvoll verwendet ist, um der malerischen Illusion gefährlich zu werden, so hat die Beobachtung der kleinen Eigentümlichkeit uns doch auf eine richtige Fährte geführt. Altdorfers Kunst in der zweiten Hälfte der 20er Jahre ist in mehr als einer Beziehung unmalerisch. Die aufs höchste gesteigerte Intensivität der Lokalfarben bei den kleinen Gestalten, die weit von unserm Auge entfernt erscheinen sollten, die mikroskopisch genaue Ausführung, die bis an die Grenzen des Möglichen herangeht und beim Baumschlag besonders unerhört detailliert, diese Malweise, deren Ehrgeiz auf den Effekt des Email gerichtet ist und die eine gussartig feste Oberfläche erreicht, wie das starke, diffuse, stimmungslose Licht, das alles ist unmalerisch.

Die Wiedergabe der landschaftlichen Natur, die sich früher mit der farbigen Gesamterscheinung im allgemeinen begnügte, geht nun mit fast botanischem Interesse auf die Darstellung der kleinsten Einzelformen ein. Um ähnliches zu finden, wie diesen Blumengarten im Vordergrund, in dem jede Staude, jedes Blättchen so scharf und klar gezeichnet ist, dass der Beschauer eine grofse Zahl von

Pflanzengattungen unterscheiden und bestimmen kann, müssen wir bis zur Kunst der Eyck, des Bouts zurückgehen. Auf stoffliche Charakteristik hatte unser Meister bisher ganz wenig Sorgfalt verwendet, jetzt entwickelt er gerade darin eine besondere Virtuosität (das Haar Susannas, der Stein an der Brunneneinfassung, die pralle, glänzende Rinde im Gegensatz zum Laub der Bäume u. s. w.).

Den lieblichen Frauentypus Altdorfers kennen zu lernen, bietet die Susannadarstellung gute Gelegenheit. Im ganzen wird das bei den Stichen dieser Jahre Beobachtete wohl bestätigt, nur ist der Typus hier vielleicht um einen Grad ferner dem der Beham, dem Marcantons und ein wenig anspruchsloser noch, volkstümlicher, deutscher. Ein frohes, zierliches, jugendlich reizendes Geschlecht sind Susanna und ihre Gespielinnen, bürgerlich bescheiden trotz des reichen Schmuckes, gesund, vollwangig und rotbäckig. Auf einem kaum mittelgrofsen schmalen Körper, auf schmalen, stark abfallenden Schultern sitzt ein etwas zu schwerer, kugelrunder Kopf. Das schöne, üppige Haar ist sauber geordnet auf dem Kopf aufgebunden oder hängt in prächtigen Flechten lang herab. Der Ausdruck ist kindlich munter, nicht sehr geistreich. Etwas Kleinliches, Puppenhaftes klebt den Figürchen an. Die Formen der Körper sind weich und rund, die Bewegungen gemessen, von natürlicher Anmut, selbst von feiner Grazie. Frauen gelingen unserm Meister in dieser späteren Zeit weit besser als Männer. Es scheint, Altdorfer besafs hervorragende Anlagen zur Schilderung des weiblichen Reizes, die merkwürdig spät erst ans Licht treten und deren Ausbildung eine enge Grenze gesetzt wurde durch das mangelnde tiefere Verständnis des menschlichen Körpers.

Eine reiche Quelle kunsthistorischer Kenntnis ist der mit hingebender Freude und Vorliebe ausgeführte prachtvolle Palast, der sich zur Rechten erhebt, mit offnen Hallen zu ebener Erde, mit vielen Stockwerken, umlaufenden Balustraden, turmartigen Ausläufern. Ein Ueberschwang reicher, weltlich heiterer Pracht, in den ausgeführten Bauten des 16. Jahrhunderts gedämmt durch Hindernisse, Schwierigkeiten, Unzulänglichkeiten meist, jubelt in diesem Entwurfe hell auf. Der Bau ist entschieden polychrom; Inkrustation mit mehreren farbigen Steinarten ist angewendet. Unabhängig von einem bestimmten italienischen Vorbild hat der Meister aus einzelnen ihm vom Süden zugekommenen Elementen etwas Eignes komponiert. Spezifisch deutsch ist die vielgliedrige, unsymmetrische Plananlage, die vorwaltende Höhentendenz, die sich in den turmartigen Spaltungen der Masse nach oben ausspricht wie die gotischen Elemente, die vereinzelt auftreten, das kleinliche Häufen der Motive, das unsichere Schwanken in den Verhältnissen.

H. von Geymüller glaubte einmal in einer Kirche, die Altdorfer im Hintergrund seines Schlachtgemäldes von 1529 (s. unten, m. Verz. I, 24) dargestellt hat, einen Entwurf für St. Peter wieder zu erkennen, der uns in Zeichnungen eines italienischen Architekten erhalten ist. Diese mündlich verbreitete Beobachtung tritt bei R. Stiassny (in dem oben citiert. Aufs. der Wiener Kstchron.) wieder ans Licht als Vermutung, unser Meister, Feselen und ein Anonymus, dessen Bilder jetzt in Wien (m. Verz. II, 25) Altdorfer zugeteilt werden, hätten als Vorlagen für die Architekturen auf ihren Bildern eine Anzahl von Skizzen italienischer Architekten (Fra Giocondos?) vielleicht in Kopien niederländischer Künstler zur Verfügung gehabt. Die Bauten bei Feselen, bei Altdorfer und bei dem Wiener Anonymus sind durchaus verschieden, so dass zur Annahme einer gemeinsamen Quelle kein Grund vorliegt. Die drei Künstler wohnten wahrscheinlich an drei verschiedenen Orten (Regensburg, Ingolstadt, Nürnberg?), so dass schon deshalb die Annahme einer gemeinsamen Quelle unwahrscheinlich ist. Die drei architektonischen Entwürfe unseres Meisters, die Stiassny nennt, nämlich der Palast auf dem Susannabild, die Kirche auf dem Schlachtgemälde und ein burgartiger Bau auf dem Madonnenbild Altdorfers ebenfalls in München (s. unten, m. Verz. I, 25) sind ganz verschieden von einander. Dass der Palast des Susannabildes nicht das Geringste mit der architektonischen Zeichnung eines italienischen Baumeisters zu thun haben kann, geht wohl aus dem oben Gesagten hervor. Was aber die Kirche auf dem Schlachtbild betrifft, die Veranlassung zu der Hypothese gab, so lag das Vorbild zu derselben dem Meister näher als in Skizzen italienischer Architekten. Hans Hiebers Holzmodell zur Neupfarrkirche stand im Rathaus zu Regensburg. Jene Kirche in Altdorfers Gemälde und noch eine zweite an demselben Ort sind nichts weiter wie leichte Variationen des von Hieber aufgestellten Themas: ein von hohen Türmen flankiertes Langhaus, das anstöfst an einen polygonalen, von Absiden umsäumten Centralbau. Findet sich wirklich dem entsprechendes in den Skizzen italienischer Architekten[94]), so hat höchstens Hieber, nicht aber Altdorfer diese Zeichnungen gekannt.

Das Susannagemälde, das sich nachweislich schon im 16. Jahrhundert im Besitz des bayerischen Fürstenhauses befand, war wohl von vorn herein für denselben Fürsten bestimmt, der drei Jahre später das Bild der Schlacht bei Arbela (s. unten) bestellte. Kein Zweifel, dass unser mit unsäglicher Sorgfalt durchgeführtes Gemälde, das wie eine Kraftprobe, mehr Kunststück als Kunstwerk in manchem Betracht, dem modernen Auge erscheint, wie gemacht ist für das Kabinett, für die Geschmacksrichtung des fürstlichen Mäcens im Anfang des 16. Jahrhunderts. Die erwachende Kunst- und Sammlerfreude schied noch nicht scharf das Rare, Erstaunliche, Schwierige vom Schönen.[95]) Die noch junge Empfindung für die Schönheit der Erscheinungen, die im rein Künstlerischen noch nicht wählerisch war, konnte sich wohl genügen an diesem heiter prangenden Abbild festlichen Lebens, ohne zu vermissen, was wir vermissten. Als das Werk einer l'art pour l'art auf der ersten Stufe ist das Bild ein wichtiges Denkmal für die Kenntnis der Zeit und für die Kenntnis des Meisters.

Die Wandmalereien des sog. Kaiserbades.
Fragmente in Regensburg, histor. Verein (m. Verz. I, 20), ohne Signatur.

Im Lokal des historischen Vereins zu Regensburg findet man eine Anzahl (mehr als 20) Steinplatten, traurige Reste eines offenbar sehr bedeutenden Werkes der Wandmalerei aus der ersten Hälfte des 16. Jahrhunderts: Frauenköpfe in natürlicher Gröfse, kleinere Köpfe und auf der gröfsten Platte die lebensgrofsen Halbfiguren eines nackten Mannes und einer nackten Frau. Man teilt uns mit, das seien Fragmente der Wandgemälde des „Kaiserbades im Bischofshof". 1888 wurden die Gemälde aufgedeckt; dann riss man den Raum, in dem sie sich befanden, nieder und rettete die geringen Reste, die vor uns liegen. Von dem in kunsthistorischer wie kulturhistorischer Betrachtung gleich wichtigen Werke monumentaler Wandmalerei geben einen schwachen Begriff neben den geretteten Fragmenten sechs kleine, klägliche photographische Aufnahmen[96]), die von dem gesamten Wandschmuck vor der Zerstörung des Raumes gemacht wurden.

W. Schmidt hat das Verdienst, in einer kurzen Notiz zuerst auf diese Fresken aufmerksam gemacht zu haben (Lützows Kstchron. 1890, No. 26). Schm. warf die sehr berechtigte Frage auf, ob diese Wandbilder von Altdorfer sein könnten, er deutete auf einiges hin, das dafür spricht („Typen mindestens sehr verwandt"), wies auf entgegenstehende Momente: das grofse Format, der monumentale Charakter und mahnte zur Vorsicht. Eine Datierung, wenigstens einen terminus ante quem glaubte Schm. gefunden zu haben. Innerhalb des einen Frauenkopfes sind vier Ziffern vandalisch eingeritzt, darunter noch einige zweifelhafte Kratzer. Um eine Künstlersignatur handelt es sich entschieden nicht, vielmehr hat sich ein Besucher der Badestube mit diesen Zeichen verewigt. Dies nahm auch Schm. an, las 1517 und schloss, vor 1517 sind die Gemälde entstanden. Diese Datierung war dem Forscher ein neues Argument für die Autorschaft Altdorfers. Jedoch vor 1517 kann unser Meister nicht wohl diese Fresken geschaffen haben, da die Formenauffassung, der Frauentypus und die verhältnismäfsig reinen Renaissanceformen der Architektur, die freie Sicherheit der Zeichnung vor 1517 bei unserm Meister nicht möglich erscheinen. Man vergleiche z. B. die Frauenköpfe der Fresken mit dem Madonnenkopf von 1515 auf dem Wiener Madonnengemälde. Ganz abgesehen von der Frage nach dem Autor scheinen diese Fresken besonders wegen der architektonischen Formen eher ins dritte Jahrzehnt des 16. Jahrhunderts als ins zweite zu gehören und das zumal, wenn die Arbeit von irgend einem Regensburger Künstler ausgeführt wurde. Sollte ein uns unbekannter Regensburger Künstler oder auch nur ein in Regensburg thätiger Künstler um 1515 schon im Besitze architektonischer Motive und Formen gewesen sein, die Altdorfer sicher nicht vor 1520 und nachweislich erst 1526 anwandte?

Uns scheint, die Stilvergleichung kann entscheiden, dass diese Fresken um 1525 entstanden sind und dass sie von Altdorfer herrühren, der in jenen Jahren sicher der angesehenste Maler in Regensburg war. Die Jahreszahl aber, die freilich dem ersten Blick 1517 zu bedeuten scheint, kann ganz wohl auch 1577 gelesen werden.

Dargestellt war — so weit die schlechten Photographien eine Anschauung geben — ein schöner Renaissanceraum, in dem entkleidete Männer und Frauen badeten. In niedrigen, kleinen Wannen standen die Badenden, einige tauschten Zärtlichkeiten aus, die an sich harmlos, unter diesen Umständen doch etwas bedenklich erscheinen. Obscön jedoch wurde die Darstellung wohl nirgends. Im Mittelgrund führten Treppen zu den Galerien empor, von wo kleine, bekleidete Gestalten, Männer und Frauen dem fröhlichen Treiben unten zuschauten. Auch ein Narr im schellenbesetzten, blauen Kleid wird sichtbar. Durch die reiche Modetracht der Figuren, durch die farbige prachtvolle Architektur muss der Anblick des Ganzen ein ungemein frohes, schönes und lebendiges Bild festlicher Lustbarkeit geboten haben.

Eine Vergleichung dieser Wandgemälde im einzelnen mit beglaubigten Bildern Altdorfers, insbesondere mit der Susannadarstellung von 1526 ergiebt genügende Uebereinstimmung, um glaubhaft zu machen, dass er auch diese Fresken geschaffen hat.

Die Polychromie des Raumes — dunkelroter Marmor für die Schäfte der kleinen Balustradensäulchen, vergoldete Kapitäle — die niedrige, flache und kassetierte Decke, die Butzenscheiben der Fenster, die Rundfenster mit Speichenfüllung, die Gliederung der Balustraden, die Form ihrer kurzen, stark geschwellten Säulchen, die Formen der Kapitäle, kurz alle auf diesem Wandgemälde dargestellten architektonischen Einzelheiten sind nachweisbar auch in dem Palast des Susannagemäldes. Wie die Architektur erinnern die Figuren an beglaubigte, spätere Arbeiten unseres Meisters. Wir finden die reizvollen, formschönen, etwas leeren Köpfe wieder, die mit so viel Geschmack, so viel Sinn für den weiblichen Reiz, noch ohne Spur italienisierender Manier gezeichnet sind, wie das kaum ein anderer deutscher Künstler vermochte. Es fehlen weder die üppigen roten Lippen, noch die herabhängende Nase (bei einem Jünglingskopf besonders deutlich) noch das wunderliche Lächeln, noch die lange Locke, die vor dem Ohr der Frau herabfällt (vgl.

auf dem Susannabild). Die Körper haben die weichen, allgemeinen, runden, gefälligen, wie knochenlosen Formen, die unserm Meister in den 20er Jahren stets eigen sind. Der Unterarm der Frau verjüngt sich nach dem Handgelenk allzu schnell und stark (vgl. auf dem Susannabild). Die Figuren, die von der Galerie herabschauen, erinnern in Haltung und Bewegung an die entsprechenden Gestalten auf dem Münchener Tafelbild. Wirkliches Gold für Gewänder und Geschmeide ist vielfach in den Regensburger Wandgemälden verwendet. Die Ausführung ist breit, sicher, sehr geschickt — mit Oelfarben (nach Schmidts Urteil). Der Abneigung, ein Werk von so monumentaler Ausdehnung dem „Kleinmeister" zuzusprechen, begegnen wenigstens teilweise die oben mitgeteilten urkundlichen Nachrichten, die uns lehren, dass die Regensburger mehr als einmal dekorative Malereien von stattlichen Mafsen durch Altdorfer ausführen liefsen.

An dieser Stelle sei eines Irrtums gedacht, der unsern Meister als Freskenmaler in — Augsburg hinstellte. Bei Lübke (Dtsche. Renaiss. I, p. 409) bei Woltmann (Holbein I, p. 20) findet man ohne jede nähere Angabe diese verwirrende Notiz, die auf eine gelegentliche Bemerkung Waagens zurückgeht. In dem arg verblassten Freskenschmuck des herrlichen Arkadenhofes im Fuggerhaus zu Augsburg (Eingang durch die Thür rechts) fand Waagen (Kstwke. u. Kstler. i. Dtschld. II, p. 76) die Bezeichnung: „A 1516" und sprach sich geneigt aus, diese Signatur auf Altdorfer zu beziehen. Woltmann und J. Meyer (Meyers Kstlerlex. I, p. 35) wiederholen unter der Reserve, die der schlechte Zustand der Fresken nötig mache, die Deutung Waagens und weisen als ganz willkürlich die Vermutung Naglers (Monogramm I, No. 47) zurück, der die Signatur auf ein Mitglied der Künstlerfamilie Abt (Apt) beziehen wollte. Nun ist aber Naglers Vermutung insofern beträchtlich weniger willkürlich als die Vermutung Waagens, als wir von Mitgliedern der Familie Abt wenigstens wissen, dass sie 1516 in Augsburg thätig waren, während wir von dem Regensburger Meister das weder wissen, noch wahrscheinlich machen können. Neuerdings nahm Gröschel (Repert. f. Kstw. XI, p. 246, XIII, p. 112) die Untersuchung wieder auf und erklärte die Fresken für eine Arbeit Burgkmairs, ohne auf die von Waagen gesehene Signatur Rücksicht zu nehmen, indem er sich auf neu aufgefundene, zweifelhafte Signaturen: „HB (aneinander) 1515" stützte (vgl. auch Vischer, Nord u. Süd, 1885, p. 102). An dieser Stelle gilt es nicht zu erwägen, ob Gröschels Meinung, die Janitschek (p. 428) aufnimmt, überzeugend sei, oder ob nicht die von Waagen gesehene Signatur beachtet und dann die Ansprüche des anderen Augsburger Meisters, Abts berücksichtigt werden müssen[97]: es gilt hier nur auszusprechen, dass Altdorfer ganz und garnichts mit diesen Fresken zu thun hat.

Nach dieser Abschweifung kehren wir zu beglaubigten Schöpfungen des Regensburger Meisters zurück, zu den Tafelbildern aus der zweiten Hälfte der 20er Jahre. In der Malweise, in dem Gröfsenverhältnis der Figuren zu der Bildfläche, in der Zeichnung und Auffassung schliefsen sich die hier folgenden Gemälde so eng an die oben geschilderte Susannadarstellung an, dass ich mich kurz fassen und auf das dort Bemerkte verweisen kann.

Christus am Kreuz.
Nürnberg. German. Mus. (m. Verz. I, 22), dat. 1526.

Wir sehen einen sanft ansteigenden Hügel. Rechts und links am Rande des Bildes steigen, wie häufig bei Altdorfer, die Darstellung einrahmend, hohe Bäume empor. Im Mittelgrund, auf der Höhe des Hügels stehen die drei Kreuze. Das mildernde In-die-Ferne-rücken des schmerzlichen Hauptgegenstandes, das freie Verschieben der Glieder der Komposition in die Tiefe ist bezeichnend für die Gefühlsweise und die Raumauffassung des Meisters in diesen Jahren. Vorn rechts die aus zehn Gestalten, Männern und Frauen bestehende Gruppe der trauernden Angehörigen und Freunde Christi überrascht durch die vortrefflich zusammengeschlossene, wohl überlegte Anordnung. Der Mittelpunkt dieser Gruppe ist die im Leid halb ohnmächtige Mutter, die von Johannes und einer Frau gehalten wird. Der Ausdruck der Köpfe ist mafsvoll, gedämpft, doch immerhin bei den sehr kleinen Mafsen der Köpfe ausreichend vertieft. Vor jeder Verzerrung im Schmerzausdruck, vor jeder Schärfe der Charakteristik hält der Meister in dieser Zeit sich sorgfältig fern. Das lehrt gerade dieses Bild, dessen Aufgabe zu dem

Friedländer, Albrecht Altdorfer. 7

Gegenteil hätte anregen können. Das Formale gleichsam hat seine Herrschaft über das Geistige des Inhalts angetreten. Links im Vordergrund, gesondert von der Gruppe der übrigen Leidtragenden, kniet Magdalena ganz vom Rücken gesehen (ein charakteristisches Lieblingsmotiv), eine Gestalt von gewählter Feinheit und Grazie der Bewegung. Im Mittelgrund, am Fuss des Kreuzes Christi sind Krieger und Schergen versammelt. Aus ihrer Mitte steigt einer auf der Leiter zu dem Gekreuzigten empor. Noch mehr im Hintergrund links ist die rohe Scene der um die Kleider Christi würfelnden Soldaten äufserst decent angedeutet. Rechts im Hintergrunde werden zwei Männer sichtbar, die wohl die Kreuzigung überwacht haben, ganz hinten rechts aber am Horizont eine Stadt und hohe Berge. Reiche Landschaft in weiter Ferne, deren viele Einzelheiten mit heller Farbe und spitz zeichnendem Pinsel in spielerischer Virtuosität angedeutet werden, ist den Bildern dieser Zeit eigentümlich. Der Himmel ist mit dunkelm Gewölk bezogen, durch das die Sonne, als heller Fleck sichtbar, sich durchkämpft. Nur rechts sieht man etwas blauen Himmel, hier dann die Ränder des dunkeln Gewölkes in gelblicher Färbung.

Zu solchen Lichtbedingungen stimmen nicht recht die lebhaften, intensiven Lokalfarben im Vordergrund; um so besser stimmen sie zu der entschiedenen, hellen Farbenfreude des Künstlers, die gerade im Jahre 1526 (vgl. das Susannabild) vielleicht ihren Höhepunkt erreichte. Die Färbung ist um einige Grade tiefer gestimmt als bei dem Gemälde desselben Jahres in München, zumal das Grün des Laubes ist gedämpft; immerhin ist das Kolorit mit satten, ungebrochenen Lokalfarben (viel Rot) kräftig und glühend. Die Durchführung erscheint nicht ganz so mikroskopisch genau wie in München, bewegt sich aber nach derselben Richtung, einem zierlichen und scharfen Miniaturstil zu und ist sauber, sorglich und scharf genug.

Von dem „Geiste Dürers" (Waagen) von dem „markigen Naturalismus Grünewalds (Janitschek p. 416) vermag ich nichts wahrzunehmen in diesem Bild. Dagegen scheinen die neuen Ziele und Ideale der jüngeren Generation, des dritten Jahrzehnts, ausgesprochen in der kleinen, geschmackvollen, selbst eleganten Zeichnung, in der überlegten, formal wohlgefälligen Anordnung und in der gemäfsigten Auffassung, die allem Krassen und Herben in weitem Bogen aus dem Wege geht. Nicht mit Dürer und Grünewald, mit den Beham darf der Schöpfer dieser Gemälde verglichen werden. Er erscheint hier als der Maler unter den Kleinmeistern, nur dass er deutscher blieb als seine neuen Genossen.

Christus am Kreuz.
Berlin, Museum (m. Verz. I, 23).

In jeder Beziehung der eben betrachteten Tafel in Nürnberg nah verwandt, ohne Jahreszahl, doch zweifellos aus derselben Zeit ist das kleinere, an Figuren ärmere Kreuzigungsbild, das seit kurzem sich im Berliner Museum befindet. Für die Beliebtheit der Komposition zeugen drei noch vorhandene, aus älterer Zeit stammende Wiederholungen (s. im Verz. I, 23), deren eine von 1528 datiert ist. Dadurch erhalten wir einen terminus ante quem für die Ansetzung des Berliner Gemäldes.

Der Gesamteindruck wird stärker als in Nürnberg von den drei Kreuzen beherrscht. Wir sind denselben etwas näher. Von den vielen Männern am Kreuzesstamme sind nur zwei übrig geblieben, Freunde Christi, die die Leiter feststellen und sich anschicken, den Leib vom Holz zu nehmen. Auch die Gruppe der Leidtragenden vorn rechts ist weit kleiner als in Nürnberg. Die gebeugte Mutter verlässt mit langsamen Schritten, von Johannes geleitet, den Ort des Todes; mit ihnen geht noch ein Mann und eine Frau. Magdalena allein sitzt — wie in Nürnberg — links, vom Rücken gesehen, in Trauer versunken, den Kopf in die Hand gestützt. Diese Motive sind wohl selbständig von dem Künstler gefunden, sie wirken einfach, rührend, weich elegisch. Schon die Wahl des dargestellten Augenblicks, eines der letzten und der sanfteren Momente der Tragödie, ist sehr bezeichnend. Kampf und Schmerz ist überwunden; die Männer bereiten sich, den Leib Christi sorglich zu bergen. Weder die Aktion der Kreuzigung, noch auch die Abnahme des Körpers vom Kreuz mit ihren schwierigen, auch peinlichen Bewegungen hat unser Meister dargestellt. Der bewegte, heftige Ausbruch der Klage ist gesänftigt zu stiller Trauer. Die Mutter ist im stande, sich langsam von dem in toter Ruhe liegen-

den Ort geleiten zu lassen. Eine wehmütige Abschiedstrauer
kommt zum Ausdruck. Die mehr lyrische als dramatische Auffassung verzichtet auf Kontraste. Durch herbe Gegensätze fast
stets hatte die ältere deutsche Kunst den ergreifenden Eindruck
des Kreuzigungsbildes zu steigern gesucht. Schon in Nürnberg
waren die frechen Soldaten, die teilnahmlosen Hauptleute in den
Hintergrund geschoben und für die Gesamtwirkung gleichgültig,
hier fehlen sie vollständig. Wir bewundern, mit wie feinem Takt
Altdorfer in dieser Zeit der Reife die Wirkungen wählend sucht,
die seinem in vielen Beziehungen eng begrenzten Ausdrucksver-
mögen erreichbar waren, die zugleich im Einklang mit den Mafsen
der Bilder und der Vortragsweise stehen. Die hier gewollte wehmütige Stimmung vermochte der Künstler durch die Erscheinung
der landschaftlichen Natur rein und voll zum Ausdruck zu bringen.
Das kahle, hügelige Land dehnt sich weit hin im Zwielicht, wie
bei Gewitter. Der Himmel ist von dunklem, seltsam gefärbtem
Gewölk fast ganz bezogen. Im Hintergrund erheben sich hohe
Berge; rechts wird Wasser sichtbar und eine Stadt am Ufer. Das
Kolorit ist unter dem Einfluss der schwachen Beleuchtung dunkler
und wärmer als bei den andern Bildern dieser Jahre, doch saftig,
intensivfarbig, von tiefer Kraft. Der Gegensatz von Hell und Dunkel
wird hier wieder von grofser Bedeutung, während er sonst in dieser
Zeit zurücktritt. Die vortreffliche, solide Ausführung ist sorgsam
verschmelzend mit hohem Impasto. Das Laub im Mittelgrund ist
mit ganz kleinen, hellen, kreisrunden Punkten durch den fein ge-
spitzten Pinsel aufgetupft. Dies ist als eine besondere Eigenheit
unseres Meisters seit 1526 zu verfolgen. Die Wolken, besonders
an den Rändern, sind ähnlich spitzpinselig behandelt wie der Baumschlag.

Die Schlacht bei Arbela.
München, Pinakoth. (m. Verz. I, 24), dat. 1529.

Im Jahre 1529 ist das bekannteste Gemälde des Meisters entstanden, die Darstellung der Schlacht bei Arbela, ausgeführt im
Auftrage des Herzogs Wilhelm IV. von Bayern. Dieses Bild, das
schon durch den ungewöhnlichen Gegenstand früh die Aufmerk-

samkeit auf sich zog, wird besonders in älteren Handbüchern[98]) stets als das Hauptwerk bezeichnet und hat mehr als irgend ein anderes Werk die landläufige Anschauung von der Kunst Altdorfers bestimmt. Und noch heute ist vielfach die Vorstellung von dem späten Stil des Regensburger Malers als Vorstellung von seinem Stil überhaupt verbreitet. Formauffassung, Durchführung, Färbung und Malweise bei dieser relativ grofsen Tafel sind in allem Wesentlichen, wie oben bei der Susannadarstellung geschildert wurde, so dass eine Stilwandlung zwischen 1526 und 1529 nicht zu konstatieren ist. Die emsige Sorgfalt, die Altdorfer auf die Aufgabe verwendete, ist unvergleichlich; offenbar nahm er den ehrenden Auftrag des Herzogs[99]) sehr ernst. Wir vergleichen, wie Beham, Burgkmair und Altdorfer an die Aufgabe herantraten, bei deren Lösung keine Tradition der künstlerischen Auffassung und Behandlung das eigentümliche Wollen dieser Künstler band. Breu schliefst sich an Burgkmair, Feselen an unseren Meister an, während die Münchener Meister, wohl Künstler zweiten Ranges, deren Arbeiten ich nicht kenne, Selbständiges auch kaum hervorbrachten. In der Ausführung erscheint die Schöpfung des Regensburgers weit fleifsiger, gediegener, sorgsamer als die Arbeiten der Rivalen. Eins der ersten schlimmen Symptome italienisierender Manier in nordischen Bildern erscheint stets das Nachlassen der technischen Solidität, Hand in Hand mit dem Abnehmen der Farbenfreude. Auf Seite Altdorfers ist die genaue, liebevolle, spezifisch germanische, altertümliche Durchbildung und die naive Farbenfreude, auf Seite Burgkmairs und Behams eine vorgeschrittene, moderne, lässige, schnelle Behandlung, die mitunter selbst roh dekorativ wird, und eine gebrochene, dunkle Färbung mit wenigen, neutralen Tönen. Burgkmair und Beham richten den Ehrgeiz über das Handwerksmäfsige hinaus allein auf die grofse Form, den möglichst monumentalen Stil, auf die Erfindung, den Entwurf. Ihre Naivetät ist gebrochen. Sie stehen bereits vor der Frage, ob die Schlacht, ob die Helden des Altertums nicht doch anders ausgesehen haben als eine Schlacht, als die Kämpfer im 16. Jahrhundert. Sie machen fatale Versuche mit antikem Kostüm. Solche Bestrebungen deutscher Maler zu Anfang des 16. Jahrhunderts führten zu halben, zwitterigen, gespreizten, höchst unerfreulichen Ergebnissen. Selbst Burgkmairs Leistung ist missglückt, und an der ungewöhnlich schlechten Erhaltung dieser Tafel ist der Künstler auch nicht unschuldig. Allein von allen gab Altdorfer etwas Gesundes, Eigenes, Ganzes, das in seiner Art vollkommen und befriedigend ist. Freilich darf man sich nicht verhehlen, dass diese seine Art und seine Mittel eine historische Darstellung in unserem Sinne von vornherein nicht zu geben vermochten.

Ohne Vorbild, ohne Zweifel, ohne Bedenken ging Altdorfer emsig an das Werk. Es fiel ihm nicht ein etwas darzustellen, das er sich nicht klar vor Augen zu stellen vermochte. Wie lange, wohlgeordnete Kolonnen gleichmäfsig gerüsteter Ritter und grofse Züge bunter Landsknechte sich in der Feldschlacht gegen einander bewegten, konnte er sich wohl vorstellen, ebenso die strategische Entwickelung, die Bewegungen der Massen mit Berücksichtigung des Terrains. Das war unserem Meister eine erfreuliche Aufgabe, da der weite Ueberblick über ein mächtiges Schlachtfeld, auf dem unzählige winzige Gestalten, der Landschaft untergeordnet sich bewegen, ihm den Standpunkt anwies, den er auch sonst mit Vorliebe wählte: in beschaulicher Entfernung von dem Ereignis. Künstlerische Bedenken, ob das Ganze der Schlacht überhaupt darstellbar sei, ob nicht ein Teil, eine Episode ausgewählt werden müsse, sind unserem Meister nicht gekommen, ebensowenig ein Zweifel, ob die miniaturartig genaue Durchführung sich mit dem Gegenstand und mit dem verhältnismäfsig grofsen Format des Bildes vertrüge. Mehr als treuer Chronist denn als dramatischer Dichter schildert Altdorfer, wie vorn die feindlichen Reiterscharen sich noch das Gleichgewicht halten, wie mehr der Mitte zu durch das Vorsprengen Alexanders die Entscheidung fällt, wie Schrecken und Flucht in die Reihen der Perser kommt von dort aus, wo der Grofskönig vor dem Macedonier sich gewendet hat, wie die Frauen des Perserfürsten, deren Lager bis dicht an die Kampflinie vorgeschoben war, in Hast und Verwirrung sich zu retten suchen. Weiter hinten halten die Perser noch stand, doch eine Kolonne des griechischen Fufsvolks führt eine Schwenkung aus, die die feindliche Linie überraschen und durchbrechen wird. Der Maler zeigt die

Lage des Kampfplatzes an dem hinten weit sich dehnenden Meere, die Gestaltung und die Bedingungen des Terrains, die den Griechen günstig sind, den schlimmen Engpass zur Linken, der den fliehenden Persern verderblich werden wird, zur Rechten im Hintergrund das Lager der Griechen mit Wachtfeuern und zurückgelassenen Posten und die ruhig harrenden Reserven. Nichts von dem, was der gewissenhafte Bericht in strategischem Interesse enthalten würde, ist vergessen [100]). Selbst über die Zahlen der Krieger will der Maler uns gewissenhaft unterrichten durch Angaben, die auf den Feldzeichen der einzelnen Scharen vermerkt sind. Doch so vortrefflich die Schlacht, so mangelhaft ist der Kampf geschildert. Das Dramatische, die Begeisterung, Gewalt der That, Qual des Leidens, die mächtige Bewegung der Männer, der Rosse, die menschlichen Motive, die Leistung des Einzelnen, kurz alles das in der Schlacht, was gerade den Künstler angeht, kommt nicht zur Geltung, bestimmt nicht den Gesamteindruck. Zu weit entfernt von dem Kampf, um menschliche Not, um menschliche Größe zu sehen, um Anteil zu nehmen an dem Schicksal der einzelnen Kämpfer, verfolgt der Beschauer mit ruhiger Lust ein glänzendes, militärisches Schauspiel und freut sich an dem prächtig glitzernden Anblick, den die wohlgeordneten Scharen in farbigen Kleidern, blinkenden Rüstungen mit lustig flatternden Feldzeichen gewähren. Die kleinen Köpfe der Ritter im Vordergrund sind merkwürdig einförmig, von hübschem, jugendlichem Typus und ganz ohne Ausdruck.

Alle Einzelheiten sind mit liebevoller Genauigkeit ausgeführt, die bei anderen Bildern des Meisters aus dieser Zeit erfreulich, hier im Hinblick auf das größere Format kleinlich erscheint. Jede Rüstung, jeder Rossschweif ist mit minutiöser Sorgfalt und guter stofflicher Charakteristik wiedergegeben. Die Bewegungen der Pferde und Menschen sind von militärischer Gleichförmigkeit, ohne Leben und Kraft.

Am Ende kam Altdorfer doch noch über den sachlichen Ton des Chronisten hinaus zu Stimmung und künstlerischer Abrundung — durch die Landschaft, die Färbung, durch das Licht. An dem mit Wolken bezogenen Himmel bricht rechts, nah dem Horizont, auf der Seite der Sieger, die Sonne strahlend hervor; links über den Besiegten erblasst die Mondsichel beim Nahen des stärkeren Tagesgestirns. Dieser hübsche Einfall symbolischer Erfindung rührt wohl von unserem Meister selbst her, der ja stets Sonnenaufgang und Sonnenuntergang mit grofser Vorliebe dargestellt hat, der immer das Letzte, Tiefste, Innerlichste durch die landschaftliche Natur aussprach. Die Sonne ist mit Pinselgold bezeichnet, die Wolken sind ganz unmalerisch mit unermüdlich zeichnendem Pinsel dargestellt. Das warme, farbige Frühlicht, das die niedrig stehende Sonne über das Meer hinübersendet auf Hügel und Burg und auf das Schlachtfeld, ist ganz meisterhaft wiedergegeben. Rein künstlerisch betrachtet vielleicht das Schönste auf der ganzen Tafel sind einige Partien der Landschaft, auf denen das Licht spielt, so die halb zerstörte Burg im Mittelgrund, deren eine Mauerwand die Sonne rötlich bestrahlt, während die andere in kühlem, durchsichtigem Schatten bleibt, und sonstige Effekte dieser Art. Das Bild hat so unerschöpflichen Reichtum, dass nur einzelnes herausgehoben werden kann. Durch die Beleuchtung kommt auch Wechsel und malerischer Reiz in den an sich etwas gleichförmigen Anblick der Rüstungen, Kleider und Feldzeichen; das alles blitzt und funkelt ganz prächtig im Morgenlicht. Das Kolorit ist um eine Note tiefer als bei dem Susannabild, um eine Note höher als auf der Berliner „Kreuzigung", liegt aber in derselben Tonart wie bei diesen beiden. Purpurrot ist mit Vorliebe verwendet [101]).

Das Landschaftsbild im ganzen befriedigt nicht vollständig. Der Horizont musste sehr hoch gelegt werden, um den Ueberblick über das Schlachtfeld zu gestatten. Dadurch und durch die übergrofse Zahl der landschaftlichen Motive entstand die Gefahr, dass der Beschauer einen gar zu geographischen Eindruck empfing, an den Anblick einer Landkarte erinnert würde. Eine Gefahr, die durch die reizvolle Beleuchtung gemindert, aber nicht ganz vermieden ist.

In erster Reihe dadurch gewann dieses Gemälde Aufmerksamkeit und Teilnahme der Kunstfreunde schon zu Anfang unseres Jahrhunderts, dass es ein Kulturbild von unvergleichlicher Treue, Fülle und Klarheit aufrollt, ein Bild aus deutscher Vergangenheit. Altdorfer sollte nicht zuerst oder gar ausschliefslich nach diesem

„Hauptwerk" beurteilt werden. Für den Vorwurf an und für sich war das Können des Meisters ungeeignet und unzureichend. In der Fassung aber, die er der Aufgabe gab, war sie befriedigend überhaupt nicht zu lösen. Und der kindliche Versuch, das Grofse durch das Viele zu ersetzen, konnte nicht wohl gelingen. Altdorfer hat doch bei einfacheren Aufgaben reinere und ungetrübtere Wirkungen erreicht. —

Luthers Lehre hatte in Regensburg Anhänger gefunden; Altdorfer scheint unter denen gewesen zu sein, die sich ihr mit warmer Teilnahme zuwandten. Unter den Regensburger Ratsherren, deren Beschluss einen Prediger des jungen Bekenntnisses in die Reichsstadt rief, ist auch unser Meister (im Jahre 1533, vergl. Neumann p. 538). Mit Unrecht würde man erwarten, dass die Hinneigung zur Reformation sich in seiner Kunst durch Abnehmen oder Verschwinden der Madonnendarstellung ausspreche. Gerade in dieser späten Zeit hat der Regensburger Meister häufig die Mutter Gottes im einfachen Andachtsbild verherrlicht. Die einzige, mir bekannte Zeichnung Altdorfers, die sicher aus den 30er Jahren stammt (Berlin, k. Kab., m. Verz. III, 17, m. Tf. 3, bz. und dat. 1533), stellt die Madonna mit dem Kind dar, während sonst dieser Gegenstand in Zeichnungen des Meisters sehr selten ist. Auch späte Gemälde zeigen die Mutter mit dem Kind.

Die Madonna mit dem Christkind.
München, Privatbes. (Lehrer Reiner, m. Verz. I, 26).

Dies Bild von relativ grofsem Format, das Maria mit dem Kind im Arm als Halbfigur auf farblos dunklem Grund ($^3/_4$ der natürlichen Gröfse) darstellt, bietet für die Kenntnis unseres Meisters kaum etwas Neues. Dem Gemälde fehlt die besondere Eigenart; Altdorfer schloss sich enger als sonst an die herkömmliche Auffassung und Anordnung an. Die Beziehung der Mutter zum Kind ist ähnlich wie auf Dürers Kupferstich B. 32 von 1516, „Maria mit der Sternkrone". Der Frauenkopf ist rundlich, weich, blühend, etwas kindlich, im Ausdruck heiter, aber recht unbedeutend und hat volle, rote Lippen, lebhafte, dunkle Augen. Nase, Mund und Augen sind zu nah bei einander im Verhältnis zu dem Umfang des

Gesichtes. Die Modellierung ist klar und kräftig, aber nicht sehr eingehend. Das Haar fließt offen, lang und stark gelockt herab. Das Bild fügt sich in jedem Betracht zwischen den beglaubigten späteren Werken des Meisters gut ein. Eine Kleinigkeit, die aber doch — abgesehen von dem Monogramm — bezeugt, dass dies Bild von Altdorfer stammt, führt hinüber zu einer bedeutenderen und anerkannten Madonnendarstellung des Meisters in der Münchener Pinakothek. Der Halsschmuck des Christkindes nämlich — ein Halsband mit wenigen aufgereihten Korallen und einem größeren in der Mitte herabhängenden Korallenstück — ist hier und dort genau derselbe.

Maria auf dem Wolkenthron.
München, Pinakothek (m. Verz. I, 25).

Dass auch dieses Gemälde in die Spätzeit gehört, lehrt der erste Blick. Schwieriger zu beantworten ist die Frage, ob es vor oder nach dem Schlachtengemälde von 1529 entstanden ist. Zu erkennen, ob und nach welchen Richtungen Altdorfers Kunst seit 1529 noch Wandlungen durchmachte, haben wir nur sehr geringe Mittel. Außer der oben genannten, sehr wichtigen Berliner Zeichnung von 1533 ist nur noch ein Gemälde von 1531 (Berlin, siehe unten, m. Verz. I, 28) nachweislich später als 1529 entstanden [102]). Ueberdies bietet das Bild von 1531 nur für das Landschaftliche und Architektonische Vergleichungsmaterial, während die Figuren zu winzig sind, um etwas lehren zu können. Doch wenden wir uns zu der undatierten Münchener Tafel selbst.

Genau in der Mitte, ganz von vorn gesehen, sitzt Maria hoch oben im Himmel auf einer Wolkenbank, umgeben von einem Hofstaat musizierender, singender, preisender Engel. Auf dem Schoße der Mutter steht das Christkind aufrecht in voller Vorderansicht, blickt den Beschauer an und segnet. Entgegen seiner früheren Vorliebe für gelockerte Komposition, für das gleichsam zufällige Beieinander der Figuren ordnete Altdorfer hier die Himmelskönigin und ihren himmlischen Hofstaat in fast tektonisch strenger, wohl gegliederter Symmetrie. Gleichmäßig mit der rechten und mit der linken Hand greift Maria nach vorn, um dem stehenden Knaben

Halt zu geben, sie sitzt gerade und ruhig — nur der Kopf ist sehr reizvoll ein wenig zur Seite geneigt. Ueber ihrem Haupt, in einer goldgelben Lichtsphäre halten zwei schwebende Engel die Krone. Unten aus dem Wolkensitz tauchen einige Engelsköpfe hervor. Rechts und links von der Königin und hinter ihr in weitem Halbkreis sind die Gruppen und Reihen der Engel geordnet. In entsprechender Gröfse wie die Madonna, klar sichtbar und genau ausgeführt sind nur wenige köstliche, musizierende und singende Kindergestalten rechts und links; nach hinten, höchst geschickt angedeutet schliefsen sich andere in ungezählter Menge an. Die räumliche Illusion, der Eindruck der unermesslichen Weite des himmlischen Reiches lag dem Meister vor allem am Herzen. Dieser Eindruck ist leicht und glücklich erreicht, glücklicher als z. B. auf dem „Allerheiligenbild" Dürers in Wien, bei dem ähnliches gewollt ist. Dürers Gemälde erzielt die angedeutete Wirkung charakteristischer Weise in der farblosen und verkleinerten Abbildung besser als im Original. Schneller und müheloser kommt Altdorfer zum Ziel durch bessere Farbenperspektive und bessere Perspektive der Pinselführung. Dürers Gestalten entwickeln sich nicht recht nach der Tiefe, trotz der vortrefflichen Linienperspektive, wegen der gleichmäfsig intensiven Färbung bei den vorderen und hinteren Figuren und wegen der gleichmäfsig festen Malweise.

Unser Meister gab den Gestalten des Vordergrundes, der Madonna, dem Kind und den ersten Engeln bestimmte, tiefe Färbung, sorgsame, kräftige Modellierung, eine Zeichnung, die geschlossener, feiner und schärfer erscheint als sonst irgendwo bei ihm, endlich eine verschmolzene, feste Malweise. Das mantelartig weite Kleid der Mutter ist von satter, dunkelblauer ins Grünliche schimmernder Färbung, das Inkarnat mehr bräunlich als sonst. Dann zu den Figuren des Mittelgrundes und des Hintergrundes sich wendend, wird die Behandlung bald flüchtig, skizzierend, endlich andeutend mit wenigen, feinen Pinselstrichen, während zugleich die Färbung immer mehr gebrochen, neutral, eintönig wird. Durch diese Mittel ist die Illusion der Luft, der räumlichen Tiefe vortrefflich erreicht.

Unterhalb der Wolkenbank, deren Abschluss nach unten leider

hart, wie mit der Schere ausgeschnitten erscheint, sieht man auf einen schmalen Streifen Erde herab, auf eine Gebirgslandschaft mit einem See und stattlichem Bauwerk. Die Landschaft ist nach Färbung und Zeichnung nahe verwandt der Landschaft auf dem Schlachtengemälde von 1529. Das Grün des Laubes, das hier wie dort lang herabhängt von sehr schlanken Bäumen, zeigt hier wie dort tiefe, bräunliche Abtönung. Das burgartige Bauwerk, wie in allen späteren Bildern frei erfunden in modernem Stilgefühl, nicht nach der Natur geschildert wie die altertümlichen, hochgegiebelten Häuser auf frühen Darstellungen (z. B. 1510, auf dem Berliner Bild), hat Formen, die auch in den Baulichkeiten des Schlachtenbildes vorkommen: die flache Kuppel des Turmes, daneben andere, denen wir in dem Berliner Gemälde von 1531 wieder begegnen: mehrere Fenster nebeneinander von einem flachen Bogen oben zusammengefafst. Im ganzen erscheint die Architektur nun ernster, einfacher, burgartiger als der festliche Prachtpalast auf dem Susannagemälde von 1526. Pinselgold ist auf der Münchener Madonnendarstellung nicht zu finden. Die Zeichnung der Figuren ist auffallend korrekt und sicher, von geschlossener, fester Führung und geschmackvoll. Reicher an Motiven als sonst, selbst grofsartig in einzelnen Partien, eingehend behandelt und plastisch gesehen ist die Gewandung. Typus und Ausdruck der Köpfe erscheinen etwas gleichförmig, ohne unterscheidende Charakteristik, doch erfreulich und von jugendlich runder Anmut. Bei dem Madonnenkopf, der lieblich, aber mütterlicher erscheint als sonst, fällt der weite Abstand der Augen auf.

Die Farbe ist nicht ganz unversehrt, es sind einige Härten vorhanden (blaue Töne im Inkarnat), die durch das Hervortreten der Untermalung entstanden sind.

Auf der Rückseite sieht man eine Darstellung der Frauen am leeren Grabe Christi, flüchtig tuschend ausgeführt. Hier ist wieder ein kräftiger Beleuchtungseffekt in der bei Altdorfer häufigen Art gegeben.

Dieses Gemälde wie das folgende, das sich ihm in manchem Betracht eng anschliefst, möchte ich am ehesten um 1530 datieren.

Die Geburt Mariae.
Augsburg, Gemäldegalerie (m. Verz. I, 27), ohne Signatur.

Auf einer mittelgrofsen, fast quadratischen Tafel ist ein eigentümlicher, weiter, sehr hoher, kirchenartiger Innenraum als Wochenstube der hl. Anna dargestellt. Das Bild scheint sehr schlecht erhalten, ist wahrscheinlich teilweise übermalt; die Oberfläche ist rauh und rissig, die Farbe schwer, trübe, schwärzlich. Die Signatur, die jetzt nicht aufzufinden ist, mag vielleicht durch die Uebermalung verschwunden sein. Dass das Gemälde von Altdorfer herrührt, steht über jedem Zweifel.[103]

Der Auftrag gab unserm Meister die ziemlich grofsen Mafse der Tafel und den Gegenstand, der einen Innenraum mit wenigen Figuren verlangte. Gestaltete Altdorfer nun den Raum so gewaltig, so ganz unpassend für eine Wochenstube, um die Figuren relativ klein geben zu dürfen oder nahm er die Figuren so klein im Verhältnis zur Tafel, um die architektonische Pracht so breit entwickeln zu können? Gleichviel! Beide Motive, vielleicht zusammen wirksam, sind recht in seinem Sinne, entsprechen seinen Neigungen, seinem Können, seinen Vorzügen und Mängeln. Wohl in keinem früher entstandenen oder gleichzeitigen Gemälde nimmt die Architektur einen ebenso breiten Raum des künstlerischen Interesses in Anspruch wie hier. Eine Geschichte der Architekturmalerei würde unser Bild herausheben als eine in ihrer Zeit ziemlich isoliert stehende Erscheinung. Das Besondere liegt keineswegs in einer vortrefflichen, verstandenen Darstellung der Baulichkeit; neu und bedeutsam ist der Gedanke, die Absicht, einen architektonischen Innenraum mit dem malerischen Reiz perspektivischer Verschiebung, Verkürzung, Ueberschneidung und den malerischen Reiz der Lichtbedingungen zum eigentlichen Gegenstand eines Bildes zu machen. Eher ein neues Wollen als ein neues Können that hier einen Schritt vorwärts dem reinen Architekturbild zu. Altdorfers Verhältnis zur Architekturmalerei entspricht vollständig seiner besonderen Stellung in der Geschichte der Landschaftsdarstellung. Dass das Spiel des Lichtes in erster Reihe die Architektur zum Gegenstand der Malerei macht, hat unser Meister schon gefühlt. Gerade in diesem Betracht wirkt seine Schöpfung sehr glücklich. Dagegen ist nicht recht gelungen, die Anlage des sehr vielgliedrigen, von Pfeilern durchzogenen Raumes vollständig klar zu machen. Gotisch im ganzen und grofsen ist der kirchenartige Bau, fast alle einzelnen Teile aber sind renaissancemäfsig gestaltet, so die Pfeilerkapitäle, die muschelförmige Wölbung der Absiden, die der Mauer vortretenden, verkröpften Säulen. Das Architektonische auf diesem Gemälde bietet die spätere, reiche und bessere Lösung einer schon einmal versuchten Aufgabe (in dem Nürnberger Bilde „Quirin vor dem Richter", m. Verz. I, 12).

Links unten steht das Bett der Wöchnerin. Aufgerichtet sitzend nimmt die hl. Anna etwas Nahrung zu sich, die ihr von einem Mädchen gereicht wird. Weiter nach rechts am Fufse des Bettes steht die Kinderwiege. Eine sitzende Frau hält die Neugeborene im Arm. Eine Schaffnerin mit Schlüsselbund und Krug geht nach rechts. Von rechts kommt Joachim heim zu den Seinen mit einem grofsen Brote im Arm und einer Flasche auf dem Rücken, er schreitet Stufen empor; nur die obere Hälfte seiner Gestalt wird ganz vorn, in Seitenansicht sichtbar. Sein Kopf hat merkwürdig jugendliche, fast weiblich zarte, hübsche Züge. Dieses Familienbild mit seinen gemütvoll bürgerlichen Genremotiven gehört zwischen die engen Wände, unter die niedrige Holzdecke des deutschen Zimmers; in den weiten, hohen Steinhallen verklingt der Ton der Stimmung wirkungslos. Die genannten Figuren reichen nicht über das unterste Viertel der Bildhöhe empor! Ueber ihnen, genau in der Mitte der Tafel schwebt ein Engel, das Weihrauchfass schwingend. Weiter oben aber, in der Höhe der Pfeilerkapitäle kreist ein Engelreigen durch den weiten Raum. Etwa 40 prächtige, geflügelte Knaben in farbigen Kleidern haben sich bei den Händen gefasst zu einem lebenden Kranz und schwingen halb tanzend, halb fliegend an der Wölbung um die Pfeiler herum. So schwierige Aufgaben der Zeichnung liebte der Maler sonst nicht sich zu stellen. Die Haltung der Körper, die Stellung der Beine, die Lage der Gewänder drücken die mannigfache Bewegung, das Fliegen, Tanzen, das Schwingen im Kreise, das Gezogenwerden und Ziehen glücklich aus. Erfreulich ist die reiche Abwechslung in den Bewegungsmotiven; die starken perspektivischen Verkürzungen und Ueberschneidungen sind wohl gelungen. Die Bewegung, wenngleich stark, ist nirgends eckig, gewaltsam oder übertrieben, vielmehr von freiem Fluss — im Gegensatz zu den Versuchen starker Bewegung in Arbeiten zwischen 1510 und 1520. Die Körperformen erscheinen breit, voll, rund, von fester, praller Gesundheit, einheitlicher und sicherer gezeichnet als in irgend einem anderen Bild Altdorfers, auch kräftiger modelliert als sonst. Die Formauffassung ist verwandt derjenigen auf dem zuletzt betrachteten Münchener Madonnengemälde [104]; die Formauffassung der Susannadarstellung (von 1526) und des Schlachtbildes (von 1529) erscheint etwas kleinlicher, zierlicher, spitzer. Sehr bezeichnend für das Formengefühl des Meisters zur Zeit, da er die Augsburger Tafel ausführte, ist die Neigung zur geschlossenen Kreislinie, die deutlich wahrnehmbar wird.

In den Köpfen ist mehr Typus als Individualität; Gefühlsausdruck ist fast nicht erreicht, obwohl die relativ grofsen Mafse der Köpfe [105] in dieser Beziehung Ansprüche machen. Gern hatte der Meister schon in seinen frühesten Bildern (Bremen, von 1507; Berlin von 1510) durch die kindliche Spiellust der Engel seine Darstellungen über das täglich Menschliche erhöht und zugleich heiter belebt. Wenn aber früher die Engelbuben zusammenhanglos, in zufälligem Beieinander ein loses Spiel trieben, jetzt ist Ordnung, Zucht, Gesetz und Regel und Einheit in ihr Thun gekommen (vgl. die Münchener Madonnendarstellung). Altdorfer freut sich in späteren Jahren an symmetrischer, überlegter, nach formalem Wohlgefallen die Massen wägender Komposition, während früher keine Absicht ihm fremder war als diese. Man mag das Neue durch Anregungen aus Italien erklären, falls man sich dabei gegenwärtig hält, dass solche Anregungen mehr mittelbar als unmittelbar wirkten, dass es sich um eine allgemeine Wendung des deutschen Geschmacks handelt und besonders, dass die seit 1526 enger werdenden Beziehungen zur praktischen Bauthätigkeit unsern Meister nach der angedeuteten Richtung wiesen.

Landschaft mit allegorischer Staffage.
Berlin, Museum (m. Verz. I, 28), dat. 1531.

Auf der kleinen Bildfläche, die weit breiter ist als hoch — alle übrigen Tafeln Altdorfers sind höher als breit — erhebt sich zur

Rechten im Vordergrund eine gleichmäfsig dunkle Laubmasse über die ganze Höhe des Bildchens, nach dieser Seite die Darstellung abschliefsend. Dieser Masse, die fast das ganze rechte Drittel der Bildbreite einnimmt, hält das Gegengewicht auf der linken Seite ein grofses burgartiges Schloss mit vorspringenden Flügelbauten und einer weiten Terrasse. Im mittleren Drittel aber schweift der Blick ungehemmt in den Mittelgrund und Hintergrund über weites Land. Der Maler setzte seinen Stolz darein, ein möglichst grofses Stück Erde sehen zu lassen. Und in der That, die Illusion der räumlichen Tiefe, der Ausblick auf ferne und fernste Hügel, Siedelungen, Burgen, Flusswindungen ist vortrefflich durch die Mittel der Luftperspektive erreicht, um so leichter, als die helle Ferne durch den Gegensatz des dunkeln und goldig warmen Laubes im Vordergrund es noch einmal so luftig, kühl, licht und fern erscheint.

Im Vordergrunde schreitet ein vornehm und reich gekleidetes Paar dem Schlosse zu und wird am Fufs der Terrasse von einem Manne, etwa dem Verwalter des Herrensitzes, der einen Pokal in der Linken zum Willkommen erhebt, begrüfst. Ein anderer Mann lehnt an der Terrassenrampe. Auf der langen Schleppe aber des stolz in das Schloss ziehenden Herrn hat eine arme Familie Sitz und Lager genommen, Mann, Frau und Kinder. Wohl mit Recht hat man die Darstellung gedeutet: „Der Hoffahrt sitzt der Bettel auf der Schleppe". Wie das Genre unter dem verkleidenden Schutze eines moralischen Mäntelchens zuerst am liebsten sich in die Kunst wagte, das ist öfters zu beobachten im 16. Jahrhundert, zumal bei niederländischen Gemälden; unter den deutschen aber steht unser Bild, halb Genre-, halb Landschaftsdarstellung recht vereinzelt da. Für den Gesamteindruck sind die ganz kleinen Gestalten der Landschaft durchaus untergeordnet, wie Staffage. Beachtenswert ist die sehr geschickt zusammengeschlossene, pyramidale Gruppe der Bettlerfamilie. Im ganzen macht das Bildchen einen vornehmeren, aber auch kälteren Eindruck als die übrigen Arbeiten des Meisters. Die Ausführung ist zierlich, selbst elegant, dabei leichter und moderner, weil minder detaillierend als z. B. auf der Susannadarstellung von 1526. Auch die Färbung erscheint moderner im gewissen Sinne als bei den früher betrachteten Gemälden des Meisters (aus den 20er Jahren), in so fern die Intensivität der Lokalfarben, die um 1526 den Höhepunkt erreichte, jetzt (1531) wieder recht zurückgehalten ist. Etwas Abgemessenes, fast Akademisches ist in dem Bilde [106]). Wir denken vielleicht an die „historische" Landschaft des 17. Jahrhunderts, vielleicht an Adam Elsheimer. Der Farbenauftrag ist nicht so gleichmäfsig pastos und gussartig wie auf den Tafeln der 20er Jahre, mehr lasierend in den Tiefen und nur das Licht mit haarspitzem Pinsel tupfend oder zeichnend. Das Blau des Himmels hat einen kühlen, frischen Kobaltton, der auf früheren Bildern des Meisters nicht vorkommt.

Im Jahre 1531 beschäftigte sich Altdorfer wohl nur noch nebenher mit der Malerei, während das Amt des Stadtbaumeisters (daneben andere Ehrenämter) ihn stark in Anspruch nahmen. Nach der Grabinschrift zu urteilen, fühlte er sich in den letzten Jahren seines Lebens vor allem als Baumeister [107]). Unter seiner Amtsführung wurden in Regensburg erbaut der Weinstadel, das Schlachthaus (1527), auch der Marktturm, der eine Tafel getragen haben soll mit der Inschrift: „Albrecht Altdorfer Paumeister 1535". Erhalten ist von diesen Gebäuden nur das Schlachthaus, ein kunstloser Nutzbau, der uns nichts lehrt. In den Jahren 1529 und 1530 ward zum Schutz gegen die Türkengefahr die Befestigung der Stadt verstärkt. Unser Meister führte die Aufsicht über die Errichtung der „Osten-Pastey", der „Eisengred", der „Kreuz-Pastey". Ein Ratsbeschluss von 1533 teilt uns mit, dass Altdorfer sich ein Pferd hielt, um auswärtigen Amtspflichten leichter zu genügen. Im „Friedgerichte" (1528), als Vormund (1529), als Pfleger des Augustinerklosters (1534—) wird unser Meister genannt.

Mit grofsem Interesse sehen wir auf die Architektur, die auf der Berliner Tafel von 1531 dargestellt ist. Fortschritte in der Kenntnis der Renaissanceformen scheint Altdorfer seit 1526 nicht gemacht zu haben. Dieses schwere, burgartige Bauwerk ist einfacher, minder glanzvoll, minder italienisch als der Prachtpalast in dem Susannabilde. Und dem entspricht der Charakter der Baulichkeit in der Münchener Madonnendarstellung, wie in dem Augsburger Bild — falls wir diese beiden mit Recht um 1530 ansetzten.

Vor dem Schloss des Berliner Bildes fällt dem Beschauer vielleicht
ein, dass der Künstler in den vorangegangenen Jahren mit Befestigungsbauten zu thun hatte. Charakteristisch für den Meister
ist das wunderliche Vermeiden symmetrischer Gestaltung der beiden
flankierenden Türme (vgl. die unsymmetrische Anlage des Palastes
in der Susannadarstellung) — es scheint, wie die Architektur den
Maler bestimmte die Malerei den Architekten. Charakteristisch ist
die Mannigfaltigkeit der Kuppelformen. Dass Altdorfer gerade mit
diesem architektonischen Problem sich gern beschäftigte, das sehen
wir auch im Hintergrund des Schlachtgemäldes, wo viele verschiedenartige, darunter gesuchte Kuppelformen auftauchen. Die
beliebte Balustrade fehlt nicht. Echt deutsch mit seiner Mannigfaltigkeit, Vielgliedrigkeit, mit der Freude am Turmbau erscheint
das Schloss in dem Berliner Bild. Wirklich ausgeführt weit eher
als den Palast in dem Susannagemälde kann man diesen Bau sich
vorstellen. Wurde die 1526 so kecke architektonische Phantasie
durch die Berührung mit den Forderungen der architektonischen
Wirklichkeit allmählich ernüchtert, herabgestimmt? —

Wahrscheinlich aus den 30er Jahren stammen die Radierungen
von Altdorfers Hand, die Pokale darstellen, wohl Vorlagen für die
Goldschmiede. Die ganze Folge, — B. 75—96, dazu S. 83, S. 98,
im ganzen 24 Blätter [108]) — erscheint so einheitlich in jeder Beziehung, dass eine gleichzeitige oder doch rasch auf einander folgende Entstehung der einzelnen Stücke dieser Gruppe anzunehmen
ist. Die andere, nicht minder einheitliche Gruppe der geätzten
Blätter, Landschaftsdarstellungen — B. 66—70 [109]), 72—74, S. 111,
im ganzen 9 — stimmt in der technischen Behandlung durchaus
mit der Folge der Gefäfse überein, entstand wohl in derselben Zeit.
Lichtwark (a. a. O. p. 6) hat mit Erfolg — wie mir scheint —
den Nachweis geführt, dass die Pokale nach 1530 entstanden sind.
Altdorfer entnahm ein Motiv für die Radier. B. 96 (rechts) dem
Stich H. S. Behams. B. 240 von 1530, ein Motiv, das H. S. Beham seinerseits dem Kupferstich des Zoan Andrea B. 24 entlehnt
hatte. Altdorfer hat auch die Umgestaltung des Motives, die Beham vornahm, während Beham dem Vorbild noch anderes entnahm,
das Altdorfer nicht hat, so dass die Reihenfolge: Zoan Andrea,

Beham (1530), Altdorfer unzweifelhaft in der That erscheint (vgl. die Abb. bei Lichtwark p. 172 und p. 173). Dieser Nachweis giebt ein Datum, auf das schon allgemeine Erwägungen hinführen. Und die geätzten Landschaften setzen wir um so lieber in die späteste Zeit des Meisters, als die ihnen am meisten entsprechenden Bilder eben dieser Zeit entstammen, das Berliner Bild von 1531 und zwei reine Landschaftsgemälde (s. unten).

Die Gefäfse machen durchaus den Eindruck von Entwürfen, von Vorlagen für die Ausführung; auf die Erfindung der Formen ist der Ehrgeiz gerichtet, keineswegs auf die naturalistische Erscheinung eines wirklichen Pokales. Die Gefäfse sind ohne Beachtung der Perspektive, ohne stärkere Betonung des Körperlichen, wie projiciert auf die Fläche, gegeben, an eine Charakteristik des Stoffes ist nicht gedacht[110]. Die Formenelemente sind nicht mannigfach. Länglicher Buckel und Akanthusblatt kehren stets fast wieder[111]. Mannigfaltigkeit kommt in die Entwürfe wesentlich nur durch die verschiedenartige Kombination weniger Grundformen. Und beim Zusammensetzen verfährt der Meister nicht allzu streng und bedenklich, türmt zuweilen recht sorglos aufeinander. Die bevorzugte Schlankheit des ganzen Gefäfses, der sehr stark und vielfach bewegte Umriss, den Spitzen und Zacken nicht selten unterbrechen, sind deutsche Eigenschaften aus dem Nachlafs der Gotik. Ruhige und einheitliche Schönheit der Gesamtform fehlt fast allen diesen Gefäfsen. H. S. Behams erwähnter Pokal (B. 240) ist weit geschlossener im Umriss, mehr stilgerecht im Sinne der Renaissance, mehr italienisch.

Technisch sind die Radierungen, die Landschaften noch mehr als die Gefäfse, eigenartig und wichtig für die Geschichte der vervielfältigenden Künste. Keiner der Zeitgenossen hat so bestimmt geschieden zwischen Kupferstich und Radierung wie Altdorfer. Aus den früheren Versuchen mit der Aetzung, wie sie Dürer schon im zweiten Jahrzehnt des Jahrhunderts angestellt hatte — dann waren andere gefolgt, die Beham mit wenigen Blättern, die Hopfer — mochte unser Meister nun erkennen, dass die Aetzung unklare, unsaubere Ergebnisse lieferte, so lange sie mit dem Kupferstich an Farbigkeit, Plastik, räumlicher Tiefe und Reichtum der Töne wett-

8*

eifern wollte. Die feine Schärfe der Linie, auf der die malerische Wirkung des Kupferstichs zuletzt beruht, liefs sich damals [112]) mit der Aetzung nicht erreichen. Altdorfer wendete jetzt die Radierung bei relativ grofsem Format [113]) an und für solche Gegenstände, bei denen es auf plastische Erscheinung, räumliche Tiefe, geschlossene Beleuchtung nicht ankam, für die Pokale und für Landschaften, die als reine Zeichnungen, als schnelle Skizzen nach der Natur sich darstellen. Die Landschaft gewann der Meister durch die Aetzung, durch seine Behandlung der Aetzung eigentlich erst für die „gedruckte Kunst"; der feste und bestimmte Kupferstich hat eine gewisse Sprödigkeit gegen die spezifisch landschaftliche Form ja niemals ganz überwunden.

Die Landschaftsradierungen [114]) sind sehr geschickt, mit leichter Sicherheit behandelt. Viel von dem Reiz der Naturskizze, von der zitternden Zufallsbewegung der landschaftlichen Form ist glücklich hinübergerettet in die Vervielfältigung. Auf malerischen Eindruck, damit auf Stimmung ist von vorn herein verzichtet, wesentlich im Zwange der Technik, wie oben angedeutet ist. Die Radierung macht hier ihre ersten selbständigen Schritte — bei Dürer wird sie gleichsam noch getragen vom Kupferstich —, da darf man grofse Kraftäufserungen nicht verlangen.

Dargestellt ist weites Hügelland, das am Horizont durch hohe Berge meist begrenzt wird; im Vordergrunde wächst oft ein prächtiger, hoher Baum, eine Fichte, eine Tanne auf, im Mittel- und Hintergrund sind Flusswindungen, Ansiedelungen, Waldungen leicht und geschickt angedeutet. Der Horizont liegt tief, die Linearperspektive erscheint vortrefflich geglückt. Der Gesamteindruck ist durchaus naturalistisch, nichts weniger als „phantastisch".

Das Berliner Gemälde von 1531 und die Radierungen führten uns bis an das Thor der eigentlichen Landschaftsmalerei. Hat Altdorfer den letzten Schritt gethan, ein Landschaftsgemälde — im engsten Sinne des Wortes — geschaffen?

In Mechels Verzeichnis der Gemälde der k. k. Bildergalerie in Wien von 1783 (p. 259, s. m. Verz. I, 30) wird ein Bild Altdorfers in folgender Weise beschrieben: „Ein grofser, hoher Fichtenbaum mitten in einer rauhen, gebirgigen Landschaft, in welcher man in der Ferne einen See, eine Stadt am Ufer und ein Bergschloss sieht. Auf dem Baumstamme das Monogramm und 1532. Auf Pergament auf Holz geklebt 1' 2" hoch, 10" breit." Dies Bild ist leider verschollen, weder in der Belvederegalerie noch im Depot derselben aufzufinden; die Direktoren der Wiener Sammlungen, die sich in liebenswürdiger Weise um die Sache bemühten, konnten keine Auskunft über den Verbleib der Tafel geben. Schm. zitiert das Bild nach Mechel (Verz. b. 10) und setzt hinzu: „Wäre, wenn echt, als blofse Landschaft äufserst interessant". In der That; nur scheint es, die Echtheit des verschollenen Bildes wird sich als glaubhaft im allerhöchsten Grade ergeben. Ein anderes Landschaftsbild des Meisters ist erhalten.

Landschaft.
München, Pinakothek (m. Verz. I, 31).

Dieses Gemälde wollte Schm. unserm Meister absprechen (s. Schm. Verz. b. 3, p. 546). Eine kürzlich vorgenommene Restauration hat Altdorfers Monogramm zu Tage gebracht und das früheste deutsche Landschaftsgemälde, das die Kunstgeschichte kennt, für den Regensburger Maler beglaubigt. Mit Hülfe des Münchener können wir die Echtheit des verschollenen Wiener Gemäldes wahrscheinlich machen, während zugleich die überlieferte Datierung der verschollenen Landschaft Bedeutung auch für die Entstehungszeit der erhaltenen, nicht datierten Landschaft gewinnt. Beide Bilder haben dasselbe, ungewöhnliche Material: Papier (Pergament) auf Holz geklebt. Altdorfer hat dieses Material noch ein drittes Mal verwendet, für das Münchener Georgbild von 1510 (m. Verz. I, 4). Mechel giebt an, dass das Monogramm auf dem Baumstamm sich befand: mit Vorliebe hat unser Meister gerade an dieser Stelle seine Signatur aufgesetzt. Endlich stimmt die Beschreibung, die Mechel von dem Wiener Bild giebt, vortrefflich überein mit der Münchener Landschaft und mit einigen Radierungen. Unter diesen Umständen ist eine Fälschung des verschollenen Bildes oder seiner Signatur[115]) so gut wie ausgeschlossen (vor 1783 war übrigens weder die für eine solche Fälschung nötige Kenntnis noch die dazu nötige Hochschätzung der Kunst Altdorfers vorhanden`.

Auf der kleinen Münchener Tafel ist ein einfaches, enges Stück Erde dargestellt, gleichsam porträtiert. Rechts und links an den Bildrändern steigen im Vordergrund sehr hohe Bäume empor, ein Laubbaum und ein Nadelbaum. Den gröfsten Teil der Bildfläche nimmt der Himmel in Anspruch, dessen tiefes, doch gedämpftes Blau harmonisch gestimmt ist zu dem kühlen Grün der Bäume. Dem sehr niedrigen Horizont zu hellt sich das Blau des Himmels auf, so dass alle Partien der Erde sich einheitlich dunkel absetzen gegen die leuchtende Luft. Links im Hintergrunde wird ein kleiner Landsee sichtbar, ein mäfsig hoher, bläulicher Berg von natürlicher Form und einige Häuser. Von dort windet sich ein schmaler Fufsweg durch Wiesenboden an Strauchwerk vorbei nach vorn. Das Laub ist vorwiegend mit hellen, runden Tupfen ausgeführt wie bei allen späten Bildern des Meisters; die köstlichen, kleinen Streiflichter am Boden erinnern besonders an die Landschaft in dem Schlachtbild von 1529. Die Färbung ist von vornehm gehaltener Ruhe, die Ausgeglichenheit der Gründe bewundernswert.

Die anspruchslose, unscheinbare Naturwahrheit dieses Bildchens giebt ein hohes Zeugnis dem vorgeschrittenen, modernen Verständnis für die spezifisch landschaftliche Schönheit und zeichnet diese Arbeit vorteilhaft aus vor fast allen anderen Landschaftsdarstellungen des Meisters selbst, wie vor denen der Zeitgenossen. Hier verzichtete Altdorfer auf den Effekt ungewöhnlicher Beleuchtung, auf die Wirkung durch reiche Architektur, auf den Effekt des weiten Fernblicks. Nirgends in unserm Bilde ist Gelegenheit genommen, durch eine gegenständliche Merkwürdigkeit das Interesse des Beschauers zu gewinnen. Und wie stark, wie allgemein kranken die nordischen Landschaftsdarsteller in der ersten Hälfte des 16. Jahrhunderts — auch später noch — an der Sucht, ihre Landschaften über die Natur hinaus interessant zu machen durch Uebertreibung der Formen, durch Häufung der Motive!

Mit halbem Rechte nur würde man Altdorfer den „Vater der Landschaftsmalerei" nennen, eher noch gebürt ihm der Titel „Vater des Landschaftsgemäldes". Die Landschaftsmalerei ist weit älter als das Landschaftsgemälde und an ihrer Ausbildung in der nordischen Kunst des 16. Jahrhunderts haben stärkere Naturen, vor allen Dürer gröfseren Anteil als der Regensburger Meister. Altdorfers schönes und eigenes Verdienst bleibt, dass in ihm zuerst das Vertrauen wirksam wurde, es sei der kleine Ausschnitt aus einem deutschen Mittelgebirge bei Nachmittagslicht der vollgültige Gegenstand eines Gemäldes.

Die mächtige Entwickelung der Landschaftsmalerei in späteren Jahrhunderten steht nicht in erkennbarem Zusammenhang mit den bescheidenen Versuchen unseres Meisters. Noch im 16. Jahrhundert lenkte die nordische Malerei in fremde Bahnen, und die Zeiten italienisierender Manier waren der Landschaftsdarstellung nicht günstig[116]). Der beste Vertreter der deutschen Malerei um die Wende des 17. Jahrhunderts, Adam Elsheimer hat einige Eigenschaften mit Altdorfer gemein, doch ist kaum anzunehmen, dass er die Werke desselben kannte und Anregung durch sie empfing.

Am 12. Februar 1538 machte unser Meister sein Testament[117]); am 29. März desselben Jahres war er gestorben, da an diesem Tage das Testament veröffentlicht wurde. Eine sichere nähere Angabe des Todestages besitzen wir nicht. Der Chronist Gemeiner giebt den 14. Februar als Todesdatum. Ob diese Angabe auf eine zuverlässige Quelle zurückgeht, ist zweifelhaft, immerhin ist sie der Angabe des nicht vorhandenen, von Boerner gesehenen Manuskriptes vorzuziehen, dass der Meister an dem Tage, an dem er das Testament machte, gestorben sei. Die Mitteilungen dieser Handschrift erwiesen sich als bedenklich auch bei der Frage nach dem Wappen unseres Meisters.

Altdorfers Können war eng begrenzt, seine Natur hatte nicht das Mafs bahnbrechender Geister, aber aus seinen Arbeiten tritt eine Persönlichkeit: ein kindlich, liebenswürdig empfindender Mensch. Und damit war der Regensburger Meister ein echtes Kind seines Volkes, des Volkes der Individualitäten, das echte Kind einer Zeit, die das Individuelle befreite. Als geprägte Persönlichkeit, die, wenn nur Kleines, doch Eigenes zu geben vermochte, nahm er Anteil an der Vorbereitung einer Kunst, die nicht der einen Ueberzeugung aller den einheitlichen Ausdruck giebt, die dem verschieden gearteten Wohlgefallen der

Einzelnen mannigfache Gaben bietet. Und nicht nur die Geschichte des Landschaftsgemäldes, auch die Geschichte des Genre- und die des Architekturbildes nennt den Albrecht Altdorfer, wenn nicht als Führer, doch als versprengten Vorläufer.

Anhang.

I.

Verzeichnis der Gemälde Altdorfers in der vermutlichen Reihenfolge der Entstehung.[118])

1. (Schm. a 16.) Berlin, Museum 638.
    Doppelbild. Rechts Hieronymus, links Franciscus.
    1507 dt. Monogr. (Zahl und Monogr. auf beiden Tafeln.)
    (32×19 jede Tafel.)
    Früher (vor 1821) in Samml. Solly.
2. Berlin, Museum 638 A.
    Landschaft mit Satyrfamilie.
    1507 dt. Monogr.
    (23×20.)
    Früher in Samml. Kränner zu Regensburg, dort gesehen von Waagen (Kstwke. u. Kstler. i. Dtschld. II, p. 129, danach citiert von Schm. b 2, 3); dann bei Suermondt, seit 1874 im Berliner Mus.
3. Bremen, Kunsthalle.
    Die heilige Nacht.
    1507 dt. Monogr.
    (40×31.)
    Früher bei Senator Klugkist in Bremen.
    Nicht bei Schm. erwähnt, wohl aber bei Rosenberg (p. 38) und bei Janitschek (p. 411).

4. (Schm. a 8.) München, Pinakothek 288.
   Der heilige Georg.
   1510 dt. Monogr.
   (27 × 21.) Auf Pergament, das auf Holz gezogen.
   Früher Samml. Boisserée.
5. (Schm. a 18.) Berlin, Museum 638 B.
   Die heilige Familie am Brunnen.
   1510 dt. Monogr.
   (57 × 38.)
   Früher Samml. Fr. Lippmann (Wien); auf der Leihausstellung von Gemälden alter Meister aus Wiener Privatbes. 1873 in Wien unter No. 201; im Berliner Museum seit 1876.

   Die Inschrift auf einer Tafel links unten lautet: „Albertus (abgekürzt) Altdorffer pictor Ratisponen in salutem aīe (animae) hoc tibi munus diva maria sacravit corde fideli 1510 (folgt Monogramm)" (das Facsimile dieser Inschrift im Berliner Verzeichnis der Gemäldegalerie, 1883, p. 6). Die Jahreszahl schien früher 1540 zu lauten, ein ganz unmögliches Datum; neuere Putzversuche ergaben 1510. Nach dem Charakter des Stils ist das Bild unzweifelhaft um 1510 entstanden.

   Photographie (photogr. Gesellschaft).
   Abb. bei Janitschek, p. 413.
6. (Schm. a 22.) Glasgow, öffentliche Gemäldegalerie 7.
   Die Bekehrung des heiligen Hubertus.
Ohne Datum, ohne Monogr.
Anzusetzen zwischen 1510 und 1515 (?).
   (55,5 × 40.)
   Die Einfügung dieses Gemäldes in das Werk Altdorfers, die noch der Nachprüfung bedarf, geschieht auf die Autorität Waagens allein, der das Bild in der Samml. Mac. Lellan sah (Galleries and Cabinets of Art in Great Britain, London 1857, p. 461). Die zweifelhafte Zeitansetzung ist nur nach der Kenntnis einer mangelhaften Abb. gegeben, die in Harppers Magazine, Januar 1890 erschienen ist.

7. (Schm. a 17.) Wien, kunsthistorische Sammlungen des allerh. Kaiserhauses 1425.
>> Die heilige Familie.
> 1515 dt. Monogr.
>> (23 × 21.)
>>> Früher Ambraser Samml., dann Belvedere-Depot. Photographie (Löwy).

8. (Schm. b 2.) Regensburg, Samml. d. historischen Vereins.
>> Flügelaltar; auf Mitteltafel die Anbetung des Kindes.
> 1517 dt. Ohne Monogr.
>> (124 × 125 [circa Mitteltafel], Flügel 58 cm breit.)
>>> Früher Minoritenkirche in Regensburg, dann in Samml. Kränner.

Die Jahreszahl, wie sie jetzt erscheint, sieht freilich verdächtig aus, wahrscheinlich ist sie von dem Restaurator erneuert. Dass die Datierung aber ursprünglich von dem Künstler herrührt und echt ist, dafür spricht: die Form der 7 (∧), die Altdorfer stets anwendet, die ein moderner Fälscher kaum gefunden hätte, dann der Umstand, dass ein Fälscher das fehlende Monogramm aufgesetzt haben würde, nicht aber jene Zahl, die den Wert des Bildes nicht erhöht, endlich die Unwahrscheinlichkeit, dass der Fälscher gerade eine Datierung gewählt hätte, die nach den stilistischen Eigenschaften richtig erscheint. Mit Unrecht, scheint es, sprach Schm. diesen Altar dem Meister ab.

9. Stadt am Hof (gegenüber Regensburg), Katharinenspital, protestantische Kapelle.
>> Die beiden Johannes.
> 1520 dt. Monogr.
>> (175 × 220 circa.)
>>> Früher in St. Emmeram zu Regensburg, dort im 18. Jahrhundert vom Chronisten Raselius (Handschrift in Münch. Staatsbibl., cod. germ. 3960) gesehen. Danach als verschollen citiert von Neumann (p. 530). In Schm.s Verzeichnissen nicht erwähnt, wohl aber bei Rettberg (Nürnberger Briefe, p. 165), bei Walderdorff (Regensburg, p. 259)

und bei Janitschek. An letzterer Stelle ist die, doch wohl echte Datierung nicht erwähnt.
10. Siena, Akademie 426.
>>   Abschied (?) Quirins.
> Ohne Datum, Monogr.
>> (80 × 65.)
>>> Nicht bei Schm., doch bei Woltmann-Wörmann, Gesch. d. Malerei II, p. 416 und bei Janitschek erwähnt.
11. (Schm. a 12.) Nürnberg, Germ. Museum 214.
>> Quirin wird über eine Brücke geführt.
>> Rückseite: Mater dolorosa.
> Ohne Datum, Monogr.
>> (79 × 66.)
>>> Früher in Weihenstephan.
12. (Schm. a 13.) Nürnberg, Germ. Museum 215.
>> Quirin vor dem Richter.
> Ohne Datum, Monogr.
>> (79 × 66.)
>>> Früher in Weihenstephan.
13. Siena, Akademie 436.
>> Martyrium Quirins.
> Ohne Datum, Monogr.
>> (75 × 67.)
>>> Erwähnung in der Litteratur wie bei 10.
14. (Schm. a 14.) Nürnberg, Germ. Museum 216.
>> Der Leichnam Quirins wird aufgefunden.
>> Rückseite: Kreuztragung.
> Ohne Datum, ohne Monogr.
>> (81 × 66.)
>>> Früher in Samml. Wallerstein vormals Rechberg.
>>> 10—14 gehören zu einer, vielleicht unvollständigen Bilderfolge, sind sicher gleichzeitig entstanden und zwar wahrscheinlich um 1520. Von 10, 13, 14 sind Teile abgeb. bei J. Gilbert, Landscape in Art, p. 298, 300, 294.
15. Kloster St. Florian bei Enns (Ober-Oesterreich).
>> 16 Tafeln, Teile eines oder zweier Altäre.

a. Zwölf Bilder desselben Formates (6 durchsägte, auf beiden Seiten bemalte Tafeln).
1. Martyrium Sebastians.
2. 3. 4. Scenen aus der Legende Florians.
5.—12. Acht Szenen aus der Passion Christi.

Ohne Monogr., ohne Datum sämtlich.
(110 × 93)

b. Vier Tafeln desselben Formates (?) unter sich.
13. Abt Peter vor dem Crucifix. (84 × 35.)
14. Margaretha und Barbara. (84 × 35.)
15. Grablegung Christi.
16. Auferstehung Christi.

Ohne Monogr. sämtlich, auf 16 liest man die Zahl 1518 (Datierung des Künstlers?).

Diese 16 Tafeln sind von einer Hand, von Altdorfer wie uns scheint, und stammen aus der Zeit um 1520 wahrscheinlich. Die Zuteilung an unseren Meister bedarf der Nachprüfung.

16. (Schm. b 9.) Sigmaringen, Hohenzollernsches Museum 3. Anbetung der Könige.

Ohne Datierung, ohne Monogr.
(108 × 76.)

Auf der Münchner Leihausstellung (1869). No. 48.
Mit Unrecht von Schm. angezweifelt.
Etwa 1520 anzusetzen.
Photographie in der Publikation: 50 der bedeutenderen Gemälde des Museums in Sigmaringen in Photogr. v. E. Billharz, Stuttgart, E. Ebner 1868. No. 23.

17. Hamburg, Samml. Consul E. F. Weber.
Die Verkündigung.

1521 dt. Monogr.
(95 × 80).

In Wien 1875 erworben (vgl. Repert. f. Kstw. XIV. p. 55). Nicht bei Schm. erwähnt, doch von Woltmann-Wörmann Gesch. d. Mal. II p. 416 und Janitschek. Vrgl. auch den Bericht von Pflug-Hartung im Repert. f. Kstw. VIII. p. 82.

[18.] Regensburg, bei Steiglehner, Fürstabt von St. Emmeram.
Abschied Christi von seiner Mutter.
1522 dt. Monogr.
(4½ × 3½ Fufs.)

Dieses Gemälde ist seit dem Tode Steiglehners verschollen. Die Angaben stammen aus einer Handschrift Halms, Materialien zur bayerischen Kunstgesch. (München, Staatsbibl. cod. germ. 5126, I. Bd.) Halm sah das Gemälde 1809. Neumann (nach ihm Janitschek) erwähnt dieses Bild als verschollen, zugleich als letzte Arbeit Altdorfers aus dem Jahre 1538. Woher diese an sich sehr unwahrscheinliche Angabe stammt, weifs ich nicht. Halms Angabe ist vorzuziehen. Schon am 12. Februar 1538 macht der Meister sein Testament und ist „mit Schwachheit seines Leibes beladen"; wenige Tage später stirbt er (vgl. Neumann p. 539).

19. Wien, kunsthistorische Sammlungen d. allerh. Kaiserhauses
1427. Die Geburt Christi.
Ohne Datierung, Monogr. (die Angabe des neuen beschreibenden Verz. v. E. v. Engerth. III (1886) p. 6, dass die Signatur nicht sichtbar sei, ist irrtümlich).
(47 × 38.)

Lange Zeit nicht ausgestellt, daher wenig bekannt. Schm. b. 11 citiert die Angabe dieses Bildes in Mechels Katalog (1783, p. 249, No. 54), verbindet aber mit der Angabe ein anderes Bild, das er Altdorfer abspricht, das in der That nichts mit ihm zu thun hat. Bei Janitschek ist das Gemälde als echte Arbeit Altdorfers gewürdigt.

Um 1523 mag dieses Bild entstanden sein.

20. Regensburg, Samml. d. histor. Vereins.
Fragmente, mehr als 20 Tafeln, eines grofsen Wandgemäldes in der Badestube des sog. Bischofshofes zu Regensburg, dem „Kaiserbad," 1888 abgelöst gleich nach der Aufdeckung des Wandschmuckes. Photogr. Aufnahmen von Herbst in Regensburg.

Ohne Datierung, ohne Signatur.

Erwähnt von W. Schmidt, Lützows Kstchron. 1890, p. 417. Etwa 1525 entstanden.
21. (Schm. a 7.) München, Pinakothek 289.
Susanna im Bade.
1526 dt. Monogr.
(75 × 61.) Photographie von Hanfstängl.
Schon im 16. Jahrhundert nachweisbar im Besitz des bayerischen Fürstenhauses.
22. (Schm. a. 7.) Nürnberg, Germ. Museum 213.
Christus am Kreuz.
1526 dt. Monogr. (früher wurde die Zahl irrtümlich 1506 gelesen, so noch im Katalog der Samml. von 1886; vgl. Janitschek p. 416, Anmerk.)
(41 × 33).
Abb.: grofse Lithographie von Strixner.
Früher in Samml. Wallerstein vormals Rechberg.
23. Berlin, Museum 638 D.
Christus am Kreuz.
Ohne Datum, Monogr.
(28 × 20.)
Früher (noch 1883) in Besitz von Dr. H. Weber in Berlin, ausgestellt auf der Berliner Leihausstellung von Gemälden älterer Meister 1883 unter No. 10.
Bei Schm. nicht genannt, doch bei Janitschek p. 417.
Photographie von A. Braun.
Um 1526 anzusetzen.
Von diesem Bild existieren drei alte Wiederholungen, sämtlich nicht von Altdorfers Hand:
a. Nürnberg, Friedhofskapelle St. Johannes. Dies Gemälde hat zwar Altdorfers Monogramm, ist aber nur eine rohe Wiederholung des Berliner Bildes. Möglicher Weise befand sich das Original ursprünglich an dieser Stelle und wurde bei der Entfernung durch die jetzt vorhandene Kopie ersetzt.
Vgl. Norischer Christen Freydhöfe Gedächtniss, Nürnberg 1682, p. 799.

Irrtümlich von Schmidt (Repert. f. Kstw. 1890, Varia p. 279 nach Angabe P. Rées) als Werk Altdorfers erwähnt.

b. Koblenz, öffentl. Gemäldegalerie 194.
Als „Lucas van Leyden".
1528 dt. ohne Monogr.
(50 × 41.)

c. Wörlitz, gotisches Haus 1633, als „Altdorfer".
Ohne Monogr., ohne Datum.

24. (Schm. a 9.) München, Pinakothek 290.
Schlacht bei Arbela.
1529 dt. Monogr. und Inschrift oben: „Albrecht Altdorfer zu Regenspurg fecit."
(141 × 119.)
Für den Herzog von Bayern gemalt und stets in München gewesen, nur zwischen 1800 und 1815 in Frankreich, von Napoleon entführt.

25. (Schm. a 6.) München, Pinakothek. 291.
Maria mit dem Kind auf einer Wolkenbank.
Ohne Datum, Monogr. (das Monogr. ist nicht angegeben im Katalog der Pinakothek, auch nicht bei Schm., es findet sich unten auf dem Baumstamm).
(66 × 38.)
Auf der Rückseite: die Frauen am leeren Grabe Christi.
Früher Schloss zu Neuburg a. D.
Anzusetzen zeitlich etwa 1530.

26. München, Privatbes. Lehrer Reiner.
Maria mit dem Kind.
Ohne Datum, Monogr.
(48,5 × 36.)
Ausgestellt auf einer Leihausstellung von Gemälden älterer Meister aus Münchner Privatbesitz 1890 (Juli) im Münchner Kunstverein; erworben in Salzburg. Anzusetzen etwa 1530.

27. (Schm. a 3.) Augsburg, kgl. Gemäldegalerie 2.
Geburt Mariä.

Ohne Datum, ohne Monogr.
>Alte Kopie in der Samml. d. hist. Vereins zu Regensburg.
Anzusetzen etwa 1530.

28. (Schm. a 19.) Berlin, Museum 638 C.
Landschaft mit allegorischer Staffage.
1531 dt. Monogr. (30 × 42.)
>Früher Samml. Fr. Lippmann (Wien), auf der Münchner Leihausstellung (1869) unter Nr. 13, 1876 für das Berliner Museum erworben. Photographie v. d. photogr. Gesellsch.

[29.] In Privatbesitz zu Pisa (vor 1870), 1870 in Wien auf Auktion (vgl. Repert. f. Kstw. XIV p. 54), dann im Florentiner Kunsthandel von A. Bayersdorfer wiederholt gesehen. Nach dem Urteil dieses Forschers, dem ich den Hinweis danke, beschädigt aber echt.
Maria mit Granatapfel in einer Hand und mit dem Christkind auf dem Arm.
1531 dt. Monogr. und längere Inschrift, die den Stifter nennt. (16″ × 12½″.)
>Die Figur ist etwas unter Lebensgrösse.
Jetziger Aufbewahrungsort unbekannt.

[30.] Wien, kais. kgl. Bildergalerie (jetzt nicht mehr aufzufinden: auch die Direktoren der Wiener Sammlungen haben keine Kenntnis, wo das Gemälde sich jetzt befindet) Landschaft mit hohem Fichtenbaum, einem See in der Ferne, Stadt am Ufer und Bergschloss.
1532 dt. Monogr. Auf Pergament, das auf Holz geklebt. (1′ 2″ × 10″.)
>Diese Angaben gehen auf das alte Verzeichnis der Wiener Bildergalerie von Chr. v. Mechel (1783, p. 259) zurück; danach ist das verschollene Bild auch von Schm. erwähnt (Schm. b 10, p. 547). Auf einer Auktion in Wien 1870 kam vor: eine „Landschaft Altdorfers mit Stadt" (Repert. f. Kstw. XIV. p. 48). Dieses Gemälde ist möglicher Weise identisch mit dem aus den kaiserl. Sammlungen verschollenen.

31. (Schm. b 3.) München, Pinakothek. 293.
Landschaft.

Ohne Datierung, Monogr. (das Monogr. ist weder bei Schm. noch im Katalog der Pinakothek genannt, weil es bis vor kurzem nicht sichtbar war; eine neuere Restauration hat es zu Tage gefördert. Es ist zweifellos echt.)

(30 × 22.) Auf Papier, das auf Holz geklebt.

Die auch an sich unberechtigten Zweifel Schm.s, die veranlassten, dass das Gemälde in den neueren Handbüchern nicht mehr erwähnt wird, werden durch die echte Signatur zum Schweigen gebracht.

Früher als „Hirschvogel" auf der Burg zu Nürnberg, dann als „Altdorfer" im Landauer Bruderhause ebendort.

Etwa 1532 anzusetzen.

II.
Verzeichnis der Altdorfer mit Unrecht oder ohne ausreichende Gründe zugeschriebenen Gemälde.

a. Die noch von Schm. (1872) für Arbeiten Altdorfers gehaltenen Gemälde, die seit der Zeit mit Grund dem Meister abgesprochen wurden oder mir nicht von der Hand desselben zu sein scheinen.[119]

1. (Schm. a 1.) Aufhausen, Pfarrkirche (bei Straubing).
    Altarblatt, Madonna mit dem Kind, Engel.

    Genau nach einer Zeichnung Dürers ausgeführt, worauf mich A. Bayersdorfer aufmerksam machte. Die betreffende Zeichnung Dürers befindet sich in Basel (Museum, Photogr. Braun No. 2) und in einer Wiederholung (wohl Kopie), die ebenfalls als „Dürer" gilt, in Dresden (kgl. Kab., Photogr. Braun 383). Beide Blätter tragen Dürers Signatur und die Zahl 1509. Das Gemälde hat mit Altdorfer nicht das Geringste zu thun, wie auch Janitschek (p. 415, Anm. 2) bemerkt. Doch auch Burgkmair, der nach Vorschlag B. Riehls bei Janitschek (a. a. O.) als vermutlicher Autor genannt wird, kommt nicht in Betracht. A. Bayersdorfer und Hauser sind geneigt, das Bild Wolftraut zuzuschreiben, eine Bestimmung, die viele stilistische Beobachtungen für sich hat. Auch wird man gern einem Nürnberger Meister die Arbeit zusprechen, die auf eine Zeichnung Dürers zurückgeht.

[2.] (Schm. a 2.) Aufhausen, Pfarrkirche.
    Kreuzigung Christi.

Durch einen Irrthum in Schm.s Verz. und danach in Woltmann-Woermanns Gesch. d. Mal. gekommen. Am betreffenden Ort ist ein entsprechendes Bild nicht aufzufinden (vergl. Janitschek p. 415, Anm. 2).

3. (Schm. a 4.) Augsburg, kgl. Gemäldegalerie 47—51.

> Flügelaltar, Mitteltafel: Christus am Kreuz und viele Figuren. Rechter und linker Innenflügel: je ein Schächer am Kreuz. Aufsenflügel: Verkündigung. (Stiftung der Augsburger Familie Rehlinger.)

1517 dt. bz.: „APT" auf dem Geschirr des ersten Maulesels.

Dieses Werk galt früher stets als Arbeit Altdorfers, obwohl es mit den beglaubigten Werken kaum eine Eigenschaft gemein hat. Bei Janitschek (p. 417) wird der Altar aus stilkritischen Gründen unserm Meister abgesprochen. Bald darauf entdeckte A. Schmid die Bezeichnung: „APT" auf der Mitteltafel des Altares und schrieb danach, wie uns scheint, mit Recht die Arbeit einem Mitglied der Augsburger Künstlerfamilie Apt zu (Bericht A. Schmids, Beilage d. Allgemeinen Zeitung 1889 No. 325, vergl. R. Vischer, Studien p. 516, 518). W. Schmidt war schon vorher von der Meinung, dass der Altar von Altdorfer sei, abgekommen und hatte die Hypothese aufgestellt, Scorel sei der Autor dieses in Augsburg entstandenen Werkes (Lützows Kstchron. 17. Nov. 1887, dann Repert. für Kstw. XII p. 42). An dieser Hypothese hält W. Schmidt auch nach Auffindung der oben angegebenen Bezeichnung fest und bekämpft die Deutung der Buchstaben: „APT" als Künstlersignatur (Repert. XIII p. 273). Es gilt hier nicht, W. Schmidts Meinung, die aus äufseren und inneren Gründen nicht richtig sein kann, zu widerlegen und zu erweisen, warum das Werk, auch abgesehen von der neu gefundenen Signatur, wahrscheinlich von einem Augsburger Meister herrührt, vielmehr ist hier nur an der Stelle mit allem Nachdruck auszusprechen, dass dieses Gemälde mit unserem Meister ganz und gar nichts zu thun hat.

Das Bild ist vielfach in Photographien verbreitet und abgebildet in Woltmann-Woermanns Gesch. d. Mal., wie bei Janitschek p. 418, 419, und hat einen ebenso starken wie verhängnisvollen Einfluss auf die landläufige Vorstellung von der Kunst Altdorfers geübt.

Ohne jeden Zweifel von demselben Künstler wie der Rehlinger-Altar sind folgende 3 Bilder, die früher ebenfalls Altdorfer zugeschrieben wurden:

4. (Schm. a 5.) München, Pinakothek 292 als „Altdorfer" bis 1890, dann als „Apt" in Anerkennung [120]) der Deutung des Augsburger Monogramms, die A. Schmid gegeben hat.

    Beweinung des Leichnams Christi.

    Ohne Datierung, ohne Monogr.

    Dieses Gemälde war früher in Schleißheim, wurde in die Pinakothek gebracht, nachdem W. Schmidt es wegen der in der That vorhandenen, genauen Uebereinstimmung mit dem Rehlinger-Altar Altdorfer zugeteilt hatte. (Lützows Ztschr. für b. Kst. II. p. 245.)

5. (Schm. a 10.) München, Pinakothek (bis vor kurzem in der Münchener Universität) bisher als „Altdorfer" jetzt als „Apt". 292 a.

    Flügelaltar, Mitteltafel: Einzelgestalten, Narcissus und Matthaeus. Innenflügel links: Maria mit dem Kind, rechts: Evang. Johannes. Aufsenflügel: Christophorus und Margaretha.

6. (In Schm.s Verz. nicht, wohl aber in seinem Text [p. 541] erwähnt.) Kassel, Samml. Habich als „Altdorfer".

    Die Transfiguration Christi.

    Früher bei Dr. Develey in München, ausgestellt auf der Münchener Leihausstellung (1869) unter No. 76. Photographie von Hanfstängl.

Zu dieser Gruppe von Bildern, die zweifellos von derselben Hand, wahrscheinlich von Apt sind, wurden irrthümlich 2 andere Bilder gezogen, die früher wegen der irrtümlichen Verbindung mit dem Rehlinger-Altar zuweilen ebenfalls „Altdorfer" genannt wurden, jetzt in der Polemik Scorel-Apt eine verwirrende Rolle spielen. Dies sind:

7. (Schm. b 2, 3.) Regensburg, Samml. Hamminger, als „Altdorfer".

> Christus am Kreuz, Maria, Magdalena, Johannes, früher in Samml. Kränner [121]) als „Altdorfer". Dort 1868 von W. Schmidt gesehen (Lützows Ztschr. f. b. Kst. IV p. 191). Ohne Monogr., ohne Datierung.
>
> Dieses Gemälde hat weder etwas mit den beglaubigten Werken Altdorfers, noch mit dem Rehlinger-Altar zu thun, stammt vielmehr aus der Schule Schaffners, wenn es nicht von Schaffner selbst ist. Die irrtümliche Einbeziehung dieses Bildes in die Scorel-Apt-Gruppe bei Schmidt (Repert. XIII p. 273.)

8. Innsbruck, Ferdinandeum 122 als „Altdorfer".

> Portrait des Brixener Domherrn Gregorius Angerer.
> 1519 dt. ohne Monogr., Brustbild.
>
> Photographie von Gratl in Innsbruck.
>
> Bode sprach einmal die Vermutung aus, Scorel habe dieses vortreffliche Portrait auf der Reise, in Brixen gemalt. Diese Vermutung hat einiges für sich, jedoch scheint nicht unmöglich, dass ein einheimischer, Brixener Künstler das Bildnis gemalt hat. Die Einbeziehung auch dieses Gemäldes in die Gruppe der Apt-Bilder (oben 3, 4, 5, 6) ist irrtümlich, rührt von H. Semper her, wurde von W. Schmidt (Repert. XIII, p. 273) angenommen und hat Schmidts Hypothese wohl mit veranlasst. Dies Bild (wie 7) hat weder mit Altdorfer noch mit dem Schöpfer des Rehlinger-Altares etwas zu thun.

9. (Schm. a 15.) Nürnberg, German. Museum 219 als „Feselen."

> Hieronymus betend vor dem Crucifix.
>
> Schm. sprach dieses Bild, das meist als Arbeit Feselens galt und besonders dem bezeichneten und 1531 dadierten Bilde Feselens in Nürnberg (Germ. Mus. 218) nahe steht, freilich vollkommener ist, Altdorfer zu. Diese Zuteilung wurde von Woltmann-Woermann angenommen (II, 416); Janitschek gab das Bild Feselen nicht zurück, entschied sich aber auch nicht für Altdorfer (p. 421 Anm. 2). Das Ge-

mälde ist signiert und datiert, was bisher nicht gesehen worden ist:

HM (aneinander gestellte römische Buchstaben) 1536. Danach ist es die früheste bekannte Arbeit Hans Müelichs. In der Monographie über diesen Künstler von Max Zimmermann (Münchner Inaug.-Dissert. 1885) ist nach einer Mitteilung A. Bayersdorfers als frühestes Bild des Meisters eine Kreuzigung in der Akademie S. Fernando zu Madrid erwähnt, die signiert ist „H·M 1539" also etwa in der Weise des Nürnberger Bildes, während Müelich später anders signiert (mit ineinander gestellten Buchstaben). Der Hypothese Zimmermanns, Müelich sei Schüler Altdorfers gewesen,[122]) kann ich nach der Betrachtung des Nürnberger Bildes, das der Künstler in seinem 20. Jahre ausführte und das für die Frage nach dem Lehrer in erster Linie herangezogen werden muss, nicht beitreten. Vielmehr zeigt das Nürnberger Bild, dass Müelich unter dem Eindrucke der Kunst Feselens sich bildete. Dies ist auch nach äufseren Anhaltspunkten glaubhaft. Feselen stand dem Münchner Kunstleben weit näher als Altdorfer. Neben der Anregung durch Feselen sind mittelbare und unmittelbare Anregungen durch Altdorfers Kunst nicht ausgeschlossen.

16. (Schm. 20.) Wien, Samml. Fürst Liechtenstein.

Maria mit dem Kinde.

1511 dt. Monogr. (echt?).

Dieses schwache Gemälde, das in der Galerie selbst nur als „Werkstatt Altdorfers" bezeichnet wird, ward von Waagen (Kstdenkm. i. Wien I p. 277) wunderlicher Weise hoch gepriesen und kam als Werk von Altdorfers Hand unbeanstandet in Schm.s Verzeichnis, Janitschek erwähnt es nicht.

Die Signatur auf einem besonderen Cartellino sieht so aus:

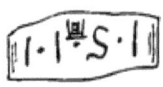

Dagegen ist sehr viel einzuwenden. Altdorfer hat niemals sonst seine Signatur auf einem Cartellino, er hat niemals das Monogramm zwischen die Zahlen geklemmt. Ferner erhält man den Eindruck, als ob das Monogr. unecht ist, weil beim Anbringen der Ziffern im Raume gar nicht mit dem Monogr. gerechnet zu sein scheint. Besonders der Punkt zwischen der zweiten und dritten Ziffer macht das Monogr. verdächtig. Endlich ist die richtige Signatur des Meisters gar nicht vorhanden, sondern der innere Buchstabe scheint unten geschlossen, so dass es zweifelhaft ist, ob der Fälscher (nur das Monogr., nicht die Zahl scheint gefälscht) nicht die Signatur Dürers aufsetzen wollte. Dem Stil nach steht das Bild den beglaubigten Werken Altdorfers fern.

11. (Schm. 21.) Kloster Melk (Mölk) in Oesterreich, Hauskapelle des Prälaten.

>   Dreiteiliges Altarwerk, Mitteltafel: Christus; rechts und links: Maria und Johannes; auf den abgesägten Rückseiten der Seitentafeln: Katharina und ein männlicher Heiliger (lebensgrofse Halbfiguren).

Ohne Monogr., ohne Datum.

>   Diese Bilder heifsen an Ort und Stelle „Dürer", Schm. schrieb sie Altdorfer zu (so auch schon Nagler). Die Gemälde scheinen jedoch Altdorfer ebenso fern zu sein wie Dürer, sie sind wahrscheinlich die Arbeit eines österreichischen Malers und erinnern einigermafsen an die Werke des Tiroler Malers Andreas Haller, die, sich im Ferdinandeum zu Innsbruck befinden (43, 44 dieser Samml., Teile eines Altars von 1513).

b. Die von Schm. Altdorfer abgesprochenen Gemälde, die auch mir nicht von dem Meister zu sein scheinen.

12. (Schm. b. 1.) Regensburg, Samml. d. histor. Vereins.
>   Bathseba im Bade.

>   Dies Bild wurde von G. A. Peuchel 1651 dem Rat der Stadt Regensburg gewidmet (laut Inschrift auf der

Rückseite). Damals und später galt es als Arbeit Altdorfers. Mit Recht sprach Schm. es dem Meister ab, wahrscheinlich auch mit Recht teilte er es Ostendorfer zu. In der Malweise freilich schliefst Ostendorfer in signierten Werken sich der Art Altdorfers nicht so nah an wie hier. Vielleicht ist das Werk eine frühere Arbeit Ostendorfers, in der dieser Künstler von unserm Meister besonders stark abhängig ist.

Ohne Datierung, ohne Monogr.

13. (Schm. b 4—7.) München, Nationalmuseum, Treppenhaus.

    4 Portraits als „Altdorfer"

        1. Johann III., Administrator von Regensburg.

        2. Pfalzgraf Friedrich der Jüngere.

        3. Pfalzgraf Friedrich der Streitbare.

        4. Pfalzgraf Ludwig der Gütige.

Diese Bildnisse, die gefälschte Signaturen Altdorfers tragen, waren früher in Kränners Besitz in Regensburg, sie haben, wie Schm. mit Recht bemerkt, mit dem Meister nichts zu thun, gehören vielmehr mit einer grofsen Zahl anderer einem mittelmäfsigen Hofmaler, der viele Portraits von Mitgliedern des bayerischen Fürstenhauses in ähnlichem Format, ähnlicher ornamentaler Einfassung, in handwerksmäfsiger Ausführung malte. Reber ist geneigt Hans Ostendorfer, der als Hofmaler in München zu Anfang des 16. Jahrhunderts lebte, für den Autor dieser leicht erkennbaren Arbeiten zu halten, A. Bayersdorfer, den Hans Wertinger, der urkundlich in Landshut 1494—1526 als Hofmaler thätig war. Der Schleifsheimer Katalog von 1775 schreibt Bilder dieser Gruppe Wertinger zu. Arbeiten dieses Meisters sind aufser den oben genannten (vgl. Schmidt Repert. XIII p. 279):

München, Nationalmuseum, 2. Stockwerk, kleiner Oberlichtsaal. als „H. Ostendorfer".

    Bildnis des Herzogs Ludwig von Bayern dt. 1516.

München, Pinakothek 223, 224, 297 als „Schule von Regensburg".

Schleifsheim, Galerie 115—118 als „Schule von Regensburg um 1520".

Innsbruck, Ferdinandeum 112, 113 als Hans Schwab von Wörthingen."

113, dt. 1526, Bildnis des Ritters Hans Fieger von Melans, erscheint vielleicht als die beste Arbeit des Meisters. Photographie von Gratl.

Regensburg, Rathaus, männl. Portr. als „B. Beham", dt. 1515.
Prag, Rudolfinum 673.

Unerklärte historische Darstellung, dt. 1517.
Photographie. Abb. im Katal. d. Samml.

In Moosburg und Landshut (Trausnitz) befinden sich ebenfalls Werke dieses Meisters.

14. (Schm. b 8.) Schleifsheim, Galerie 11.

Kleiner Flügelaltar. Mitteltafel: Beweinung Christi.
Innere Flügel: Margaretha und Mathias.

Nur in einem Schleifsh. Katal. von 1870 als „Altdorfer" bezeichnet, hat, wie Schm. mit Recht bemerkt, gar nichts mit Altdorfer zu thun. Der neue Katalog (1885) nennt das Bild in Uebereinstimmung mit Schm.s Meinung „Kölnisch um 1530".

c. Bei Schm. nicht aufgezählte Gemälde, die in Sammlungen oder in der Litteratur ohne ausreichenden Grund Altdorfer zugeschrieben sind.[123])

15. München, Nationalmuseum, 2. Stockwerk, 1. Raum rechts.

2 kleine Bilder (Miniaturbilder) im Pult, unter Glas.
1. Johannes auf Patmos,
   bz. „B" (?) auf dem Schreibgerät.
2. Adam und Eva.

Unbedeutende Arbeiten, nicht von Altdorfer, letztere jüngeren Ursprungs.

16. Regensburg, Samml. Hamminger.

Beweinung des Leichnams Christi.

Kleines Bild von grofser Feinheit der koloristischen Wirkung. Nicht von Altdorfer, vielleicht eine besonders gute Arbeit

Ostendorfers aus dessen früherer Zeit, unter der Anregung von Werken unseres Meisters.

Früher bei Kränner. Dort von Waagen (Kstwke. und Kstler. i. Dtschld. II, p. 129) gesehen und als „Altdorfer" anerkannt. Danach citiert von Schm. Verz. b 2, 1.

17. Regensburg, Samml. Hamminger.

Acht Darstellungen aus dem Leben des hl. Wolfgang (zwei auseinandergesägte Flügel eines Altares, die vorn und hinten je zwei Darstellungen über einander zeigten).

Sehr rohe Arbeiten der Regensburger Schule. Früher bei Kränner, eine Zeit lang ausgestellt im histor. Verein.

Vgl. Rettberg, Nürnberger Briefe (1846), p. 164.

Diese Tafeln befanden sich noch früher im Besitz des Fürstabtes Steiglehner,[124]) wo sie Halm (Materialien ...) 1809 sah. Die Identität steht fest, da Halm die Mafse angiebt. Halm spricht von einem sehr grofsen (wahrscheinlich gefälschten) Monogramm Altdorfers auf einer der Tafeln und von der Datierung 1521 auf einer anderen. Weder Monogramm noch Datum fand ich auf Hammingers Bildern.

18. Regensburg, Samml. Hamminger.

Drei Bilder.
1. Ganz kleine Darstellung: zwei Männer am Grabe Christi,
2. kleine Darstellung: Christi Gefangennehmung, früher bei Kränner (s. Rettberg a. a. O.),
3. Allegorie.

Sämtlich nicht von Altdorfer, viel zu schwach, 3. überdies weit jünger. (Vgl. auſserdem das Gem. m. Verz. II 7).

[19. München, Samml. Rauter, a. 1869 (jetzt noch?).

Darstellung im Tempel.

Aus Kränners Besitz (gesehen hier von Waagen, a. a. O).
Münchener Leihausstellung (1869) unter No. 18 „Dürer".
Vgl. W. Schmidt (Lützows Ztschr. IV, p. 191).
Weder von Altdorfer, noch von Dürer.

Alle Gemälde mit Ausnahme von einem (m. Verz. I 2), die sich in Kränners Besitz als „Altdorfer" befanden —

so weit wir dieselben noch kennen — sind nicht von unserm Meister. Dieser Umstand giebt einen Mafsstab für die Seltenheit echter Bilder des Meisters in Regensburg selbst in der ersten Hälfte unseres Jahrhunderts — Kränner kaufte mit grofsem Eifer. Da er offenbar sehr kritiklos verfuhr, so werden wir auch die wenigen „Altdorfer" in seinem Besitz, die uns nur durch die Erwähnung bei Rettberg (a. a. O.) bekannt sind, sehr misstrauisch ansehen. Der Regensburger Sammler zeigte aufser den oben schon erwähnten Gemälden vier historische (biblische) Darstellungen und ein Bildnis der Barbara Blomberg (von 1522, vgl. Neumann, p. 537) als Arbeiten Altdorfers. Wenn Neumann (am Schluss seiner Biographie, p. 540) eine ältere Angabe wiederholend (Schuegraf, lebensgeschichtl. Nachrichten über M. Ostendorfer, p. 20, nach einem Brief Kränners (?) an Gemeiner) angiebt, um 1819 hätten in Regensburg 25 Gemälde Altdorfers noch, überhaupt aber 72 existiert, so ist nach Obigem zu beurteilen, was für „Altdorfer" dabei mitgezählt wurden. Im Rathaus zu Regensburg wurden in früherer Zeit einige angebliche „Altdorfer" aufbewahrt. Halm (Materialien...) spricht allgemein davon, ohne bestimmte Angaben zu machen. Eins von diesen Bildern war das von Peuchel gestiftete (jetzt im histor. Verein, m. Verz. II 12). ein anderes nennt Rally (D. Donaureise v. Regensburg bis Linz p. 21, 22), „ein köstliches Miniaturbild, die Ratssitzung von Altdorfer" (vgl. Neumann, p. 540) endlich auch ein „Visier der Stadt Regensburg". Wir, haben Grund, gegen alle diese Angaben äufserst misstrauisch zu sein.

Heut zeigt man in Regensburg aufser den oben erwähnten Bildern nur noch folgende Arbeiten des Meisters, so weit uns bekannt wurde:

20. Regensburg, Evangelisch. Krankenhaus (gegenüber St. Emmeram) Korridor des zweiten Stockwerks:
    1. Christus am Kreuz, Maria, Johannes,
    2. Beweinung des Leichnams Christi.

Gegenstücke, von mittlerer Gröfse, mäfsige Arbeiten der Regensburger Schule in der ersten Hälfte des 16. Jahrhunderts.

21. Schloss Friedersdorf (bei Greifenberg i. Schlesien). Samml. Minutoli. 1889 bei Lepke als „Schäufelein" versteigert. Wo jetzt?

Martyrium des hl. Sebastian.

Bericht H. Thodes (Lützows Ztschr. XXI. 1886 p. 322), der das Gemälde eher einem Schweizer Maler aus der ersten Hälfte des 16. Jahrhunderts zuschreiben wollte.

22. Wörlitz, Gotisches Haus 1274.

Bildnis eines Mädchens, das in einem Buche liest, bz. mit einem aus „F" und „A" zusammengesetzten Monogr.

Wegen der Signatur schon — abgesehen von dem ganz abweichenden Stilcharakter — nicht von Altdorfer. vgl. für ein anderes an diesem Ort dem Meister zugeschriebenes Bild m. Verz. I. 23 c.

23. Hamburg, Samml. Konsul E. F. Weber.

Aufser dem beglaubigten Gemälde Altdorfers (m. Verz. I 17) werden hier noch zwei andere dem Meister zugeteilt.

1. Weibliches Portrait.

Vergl. Pflug-Hartung, Repert. f. Kstw. VIII, p. 82). Tüchtige Arbeit, etwa in der Art Schäufeleins; das Bild Altdorfer zuzuteilen ist um so weniger Grund vorhanden, als fast kein Vergleichungsmaterial für Portraitdarstellung in beglaubigten Arbeiten des Meisters vorhanden ist.

2. Martyrium des hl. Sebastian.

Kleines Doppelbild (zwei Täfelchen nebeneinander). Unbedeutende Arbeit, die nichts mit Altdorfer zu thun hat.

24. Wien, kunsthistor. Sammlungen des Kaiserhauses 1428, als „Altdorfer" in E. v. Engerths neuem Katalog.

Die Eitelkeit (Totentanzdarstellung).

Früher im Belvedere-Depôt.

Die Zuteilung dieses vortrefflichen Gemäldes an Altdorfer wird, so weit mir bekannt, von keinem Forscher angenommen. Ohne jeden Zweifel ist das Bild von Baldung. Die Autorschaft Baldungs ist so leicht zu erkennen bei einer Vergleichung mit den ähnlichen Bildern dieses Meisters in Basel, mit den Zeichnungen und Holzschnitten, dass eine nähere Begründung hier unterbleiben kann.

Photographie von Lövy.

25. Wien, kunsthistor. Sammlungen d. Kaiserhauses 1426 als „Altdorfer" im neuen Katalog, als „Albrecht Ouwater" bei Mechel (No. 22).

Darstellung des 3. und 4. Kapitels der Apostelgeschichte. Auch diese Zuteilung Engerths fand mit Recht keinen Anklang. Der Stil dieses Gemäldes ist durchaus nicht der Altdorfers. Doch ist die Frage nach dem Autor hier weit schwerer zu beantworten als bei dem zuletzt genannten Bilde. Wahrscheinlich von demselben Meister, der noch nicht festgestellt ist, stammt:

973 derselben Samml. als „Art des Lucas van Leyden".

Abweichend in manchem Betracht von 1426.

Die mir unbekannte „Kreuzigung" in Salzburg (Museum), die Stiassny als den Wiener Bildern verwandt bezeichnete, gehört nach briefl. Mitteilung dieses Forschers nicht derselben Hand.

Hamburg Samml. Weber. Vanitas als „Baldung" dt. 1540. Als „Baldung" bei Janitschek (p. 407) und Fr. Harck (Jb. d. pr. Kstsamml. XI (1890) p. 88.) Scheint mir entschieden nicht von Baldung zu sein, vielleicht von dem Wiener Anonymus. Scheibler (Repert. X, p. 271) erklärte Grünewald für den Schöpfer der Wiener Gemälde 1426 und 973.

Bayersdorfer war früher derselben Meinung, hält aber neuerdings nur noch 973 mit Zweifel für eine Arbeit Grünewalds, während er (wie Janitschek p. 420, Anm.) den Autor von 1426 unter der jüngeren Generation der Nürnberger Künstler (B. Beham?) sucht.

W. Schmidt (Repert. XIII, p. 278) spricht sich nicht bestimmt für einen Meister aus, meint aber, 1426 und 973 seien von demselben Künstler. —

Mir scheinen die Hinweisungen Janitscheks und Bayersdorfers das Richtige zu treffen. Der Schöpfer von 1426 in Wien und der Vanitasdarstellung von 1540 bei Weber, vielleicht auch von 973 in Wien, das wilder, geschmackloser scheint, ist ein eklektisch, ungleichmäfsig arbeitender oft manirierter Künstler der jüngeren Generation, vielleicht H. S. Beham, an dessen roh sinnlichen Kopftypus, den wir aus beglaubigten Zeichnungen [125] des Meisters kennen, die Köpfe in diesen Gemälden vielfach erinnern.

Beide Wiener Bilder sind von Lövy photographiert.

26. Innsbruck, Ferdinandeum 117 als „Cranach d. Aelt."

Die heilige Dreifaltigkeit. Monogr. Dürers (gefälscht).

Hiefs früher „Altdorfer", wurde auf W. Schmidts Vorschlag Cranach zugeteilt. Es ist sicher nicht von Altdorfer, wohl aber auch nicht von Cranach. (Vgl. Repert. XII, p. 44.) Vgl. für ein anderes Bild dieser Sammlung m. Verz. II, 8.

27. Innsbruck, bei Prof. Wieser.

Kleine auf beiden Seiten bemalte Tafel.

Vorderseite: Adam und Eva.

Tüchtige Arbeit in der Art Altdorfers, doch nicht von seiner Hand. Photographie.

28. Bruneck, Samml. v. Vintler.

1. Maria mit Engelchen und Joseph.

dt. 1513. Vgl. Dahlke, Mitteil. d. C. Comm. N. F. VI p. LXVI.

Von Hans Semper und R. Vischer (Studien ..., p. 454) als Arbeit des Meisters anerkannt; jedoch entschieden nicht von ihm, wie uns scheint.

Die genau übereinstimmende Zeichnung dazu oder danach befindet sich in Berlin (kgl. Kab., irrtümlich als „Burgkmair"). Gemälde und Zeichnung stehen den Arbeiten Baldungs sehr nahe. Es erscheint möglich, dass das Bild eigenhändiges Werk Baldungs ist. Die starren, plastisch gesehenen Falten, der Typus der Madonna, die Zeichnung der Kinderkörper erinnern ebenso sehr an Baldung, wie sie Altdorfer fremd sind.

Photographie von Kofler in Bruneck.

2. Beweinung des Leichnams Christi.

Von Hans Semper als Arbeit Altdorfers anerkannt. R. Vischer (a. a. O.): M. Ostendorfer?

Tüchtige, aber grelle und geschmacklose Arbeit. Entschieden nicht von unserm Meister, auch nicht von Ostendorfer; Dürer und noch mehr Baldung nahe stehend. Zur-Schau-Stellen anatomischer Kenntnisse, guter Ausdruck, grofse Plastik, harter, kleinlicher Faltenwurf; kurz, die Behandlung ist dem Stile der Regensburger Meister entgegengesetzt. Typen erinnern an Dürer und Baldung.

Photographie von Kofler in Bruneck.

29. London, bei Charles Butler.

Die Geburt Christi.

Ausgestellt auf einer Leihausstellung im Juni 1890 in London, die arrangiert war von dem Library Committee of the corporation of the City of London. Das Gemälde hat weder Datierung noch Monogr., steht aber — der Beschreibung, die der Katalog giebt nach zu urteilen — Altdorfer zum mindesten nahe. Fr. Lippmann und W. Bode halten das Bild für eine Arbeit Altds. — nach freundlicher mündlicher Mitteilung.

30. Escorial bei Madrid, 718—732, Casino del principe, 15 kleine Tafeln, Folge von Darstellungen des Lebens und Leidens Christi.

Früher „Dürer", dann „Altdorfer" genannt.

Nach dem Urteil vieler Forscher Arbeit eines Niederländers, vgl. Justi in Lützows Ztschr. XXI (1886), p. 134. Vielleicht von Juan de Flandes (Justi im VIII. Jahrb. d. pr. Ksts. p. 159).

Photographien der in Spanien befindlichen Tafeln von Laurent, Abbild. einer Tafel in Lützows Ztschr. XXI, p. 137.

31. Basel, Dr. D. Burckhardt.

Kreuzabnahme.

Dieses interessante Gemälde, das mit merkwürdig genauer Benutzung von Kupferstichen (B. 2. B. 4) Mantegnas gezeichnet ist, in der malerischen Behandlung an Altdorfer, doch auch an Grünewald erinnert, rührt von der Hand unseres Meisters nicht her.

Photographie (im Berliner kgl. Kab.).

III.
Verzeichnis [126]) der Zeichnungen Altdorfers.

1. Berlin, kgl. Kab. No. 1691. Allegorische Darstellung. Zwei Frauen halten eine Fruchtschale empor.
    1506 dt. Monogr. (umgefälscht in Dürers Signatur). H D T. braun [127]). (17,2 × 12,3.) M. Tf. 1.
2. Berlin, kgl. Kab. No. 85. Gesellschaft in einer Halle. Hinten links Herren und Damen bei Tisch, vorn ein Brunnen, Herren und Damen.
    1506 (echt?) dt. Ohne Monogr. Ausführung auf farblosem Papier mit schwarzer spitzer Feder in Stechermanier. (14,7 × 22,1.) Ob die Datierung echt ist, scheint um so zweifelhafter, als das Blatt mit der anderen 1506 entstandenen Zeichnung keineswegs übereinstimmt; vielleicht entstand es erst 1513 etwa. Dass es überhaupt von Altdorfers Hand herrührt, ist zwar nicht ganz sicher, doch wahrscheinlich.
3. Berlin, kgl. Kab. No. 111. Christus am Oelberg. Tiefe Schlucht. Figuren relativ klein und unbedeutend, Christus im Mittelgrund, drei schlafende Apostel vorn, ganz hinten die Schar der Schergen mit Fackeln.
    1509 dt. Monogr. (beides am oberen Rand, halb zerstört, unten ist hinzugefügt ein unechtes Monogr. Dürers und die Datierung 1508). H D T. braun. (21 × 15,8.)
4. Berlin, kgl. Kab. No. 113. Die Anbetung der Könige.
    1512 dt. Ohne Monogr. H D T. tiefbraun. (21,7 × 16,3.) M. Tf. 2.

5. Berlin, kgl. Kab. No. 112. Eine Frau führt einen Mann nach links vor das Standbild eines Löwen. „Der Mund der Wahrheit." (Ueber die Sage, der diese Darstellung entnommen ist, vgl. Murr, description du cabinet Praun, p. 54.) Altdorfer hat denselben Gegenstand noch einmal gezeichnet (m. Verz. III, 40).

1512 dt. Monogr. H D T. rotbraun. (22 × 15,5.)

6. Berlin, kgl. Kab. No. 96. Zwei Landsknechte. Der eine rechts auf der Erde sitzend, verwundet (?), der andere links stehend, in der Hand eine Schale, aus der etwas emporspritzt (?).

1512 dt. Ohne Monogr. (die rechts unten befindliche Datierung ist nicht zweifellos echt). Das Blatt ist entschieden von Altdorfers Hand. H D T. braunrot. (13,8 × 10,5.)

7. Berlin, kgl. Kab. No. 93. Ritter und Edelfrau. Sie steigt vom Pferd und reicht dem noch zu Pferde sitzenden Begleiter einen Pokal (?).

1514 dt. Ohne Monogr. H D T. dunkelbraun. (21,3 × 16,2.) Wohl identisch mit einer Zeichnung Altdorfers, die sich im Praunschen Kabinet befand und so beschrieben wird: „Une vierge présente un gobelet à un Chevalier: très beau 1514" (bei Murr a. a. O., p. 54).

8. Berlin, kgl. Kab. No. 82. Edeldame aus einem Stadtthor reitend inmitten einer Schar zu Fuß gehender Krieger.

1516 dt. Ohne Monogr. H D T. gelblich hellbraun. (20,7 × 15,7.)

9. Berlin, kgl. Kab. No. 89. Mann mit Winkelmaß in der Hand, stehend.

1517 dt. Monogr. H D T. grau. (19,9 × 13,5.)

Die matteren Farben der Grundierung scheinen den Jahren 1516, 1517 charakteristisch.

10. Berlin, kgl. Kab. No 88. Der hl. Andreas thronend mit Kreuz und Buch.

Ohne Datum, ohne Monogr. H D T. grün. (16,1 × 11,5)

1510 etwa anzusetzen, besonders wegen der überhohen Proportionen, der sehr unbeholfenen Faltengebung und wegen der Ornamentik, die unbestimmt und gotisierend ist. Das Blatt ist zweifellos von Altdorfers Hand.

11. Berlin, kgl. Kab. No. 83. Ein toter Ritter liegt ausgestreckt am Boden. Tannenwald. Rechts Eingang eines tonnengewölbten Ganges.

    Ohne Datum, ohne Monogr. H D T. tiefblau. (21,3 × 15,6.)
    1513 etwa anzusetzen.

12. Berlin, kgl. Kab. No. 82. Edelfrau mit dem Falken auf der Hand nach links reitend; Hund voran, ein Mann hinterdrein laufend.

    Ohne Datum, ohne Monogr. Braune Federzeichnung auf farblosem Papier. (15,2 × 13,9.)

    1515 etwa anzusetzen, verwandt der Formenbehandlung nach mit Zeichnung 8 (oben) von 1516, mäfsig gute Arbeit, doch von Altdorfers Hand.

13. Berlin, kgl. Kab. No. 2025. Ritter und Dame. Er ladet sie mit einer Handbewegung zum Sitzen ein.

    Ohne Datum, Monogr. sehr zweifelhaft rechts unten, kaum lesbar. H D T. (weifs sehr sparsam) bläulich grün. (13 × 10,1.)

    Die Proportionen der Figuren sind äufserst unglücklich. Altdorfers Autorschaft an diesem Blatt steht nicht über jedem Zweifel.

14. Berlin, kgl. Kab. No. 86. Simson (Hercules?) im Kampf mit dem Löwen. Die Gestalt vom Rücken gesehen in stark bewegter Haltung. Landschaft mit hohen Bäumen.

    Ohne Datum, ohne Monogr. H D T. trüb bräunlich-grau. (22,1 × 15,9.)

    1517 etwa anzusetzen, vgl. die Farben der Grundierung sowie die keck skizzierende Formenbehandlung, den oft wie verschnörkelten Umriss, auch die starke Bewegung in den Zeichnungen 8 und 9 (oben) von 1516 und 1517. Die angedeuteten Eigenschaften sind diesen Jahren charakteristisch.

15. Berlin, kgl. Kab. No. 87. Genaue Wiederholung der zuletzt genannten Zeichnung, übereinstimmend mit jener auch in den Mafsen und in der Farbe der Grundierung.

    Mit Unrecht erklärte Rosenberg (p. 37) die eine dieser übereinstimmenden Blätter für spätere Kopie. Beide sind von Altdorfers Hand.

16. Berlin, kgl. Kab. No. 92. Landschaft mit Wassermühle.
   Ohne Datum, ohne Monogr. HDT. rotbraun. (20,4 × 15,4.)

   Die Ausführung ist etwas anders als gewöhnlich, in so fern zu der spitzpinsligen Behandlung ein tuschendes (hier mit bräunlichem Ton) Uebergehen gröfserer Partien tritt. Diese Behandlung, die auf keinem der vielen zwischen 1506 und 1517 entstandenen Blätter vorkommt, wohl aber auf der einzigen — mir bekannten — Zeichnung des Meisters, die aus den zwanziger Jahren datiert ist (von 1525, m. Verz. III 39), giebt Anlass, auch dieses Berliner Blatt um 1525 anzusetzen mit um so gröfserer Wahrscheinlichkeit, als die Arbeit in vielen Beziehungen abweicht von der grofsen Masse, die im 2. Jahrzehnt entstand. Die gemalten und radierten reinen Landschaften Altdorfers gehören ebenfalls der Spätzeit an!

17. Berlin, kgl. Kab. No. 2026. Madonna mit Kind.
   1533 dt. Monogr. HDT. rötlich braun. (19,8 × 14,8).

   Auf Rückseite die beiden Schächer am Kreuz roh skizziert (schwarze Feder).

   Dieses echte Blatt ist in mehr als einer Beziehung von grofser Bedeutung: als letzte bekannte Arbeit des Meisters und als beglaubigte Zeichnung aus einer Zeit, aus der sonst keine Zeichnungen desselben zu existieren scheinen. Nach Formbehandlung und Technik weicht das Blatt weit ab von allen übrigen. M. Tf. 3.

Folgende ebenfalls im Berliner kgl. Kab. Altdorfer zugeschriebene Zeichnungen scheinen mir nicht von seiner Hand zu sein.

a. Berlin, kgl. Kab. No. 95. Christus vor Pilatus.
   Ohne Monogr., ohne Datum (die Zeichen auf der Armbinde des einen Kriegers sind wohl bedeutungslos). Das Blatt könnte schon wegen der Architektur nur aus Altdorfers Frühzeit sein, dazu aber passen wieder die Proportionen der Figuren

nicht. Uebrigens zeigt die Zeichnung nicht eins der vielen charakteristischen Kennzeichen unseres Meisters.

Schwarze Federzeichnung auf gelblichem Papier.

b. Berlin, kgl. Kab. No. 94. Seltsam hässlicher, mit Warzen bedeckter Greisenkopf.

Ohne Monogr., ohne Datum. Schwarze Federzeichnung auf farblosem Papier.

Es fehlt an einem Grund, dieses Blatt unserm Meister zuzuschreiben. Nichts einigermafsen Analoges ist unter seinen beglaubigten Arbeiten aufzufinden. Die Freude an charakteristischer Scheufslichkeit war nicht seine Sache.

c. Berlin, kgl. Kab. No. 97. Landschaft. Im Vordergrund Bäume, hinten burggekrönter Fels.

Ohne Monogr., ohne Datum. Dunkle Federzeichnung (Umrisszeichnung) auf farblosem Papier.

Dies ängstliche und unbedeutende Blatt ist kaum von Altdorfer [128]).

18. München, kgl. Kab. Martyrium der hl. Katharina.

1510 dt. (diese Datierung befindet sich rechts unten, sehr klein, kaum lesbar und mag nicht sicher echt sein; die Formenbehandlung passt vortrefflich für das Jahr 1510). Das Monogr., das rechts unten mit tiefschwarzer Farbe aufgesetzt ist, scheint unecht. H D T rotbraun (20,6 × 14,1). Sicher von Altdorfer.

Abb. Bruckmanns Publikation der Münch. Zeichnungen V 81 a.

19 München, kgl. Kab. Madonna mit Kind.

1511 dt., ohne Monogr., schwarze Zeichnung auf violettgrauem Papier (20,7 × 13,7).

Abb. Strixner, Lithographie, No. 290 seiner grofsen Münchener Publikation.

und bei Bruckmann ... IV 62.

W. Schmidt äufsert im Text von Bruckmanns Publikation noch keinen Zweifel an der Autorschaft Altdorfers, erst kürzlich aber (Lützows Kstchron. 1890, p. 385) zeigt er sich geneigt, dies Blatt unserm Meister abzusprechen und es dem Wolf Huber zuzuteilen. Es scheint uns ganz ohne Zweifel eine sehr charakteristische Arbeit Altdorfers aus dem Jahre 1511. Die „unbestimmte und zwittrige" Formbehandlung, die Schm. auffiel, scheint eigentümlich allen Zeichnungen des Meisters, die vor dem Jahre 1512 entstanden. Uebrigens sind schon die Mafse (vgl. die Mafse oben bei 3, 5, 18) ein schwerwiegendes Zeugnis für die Autorschaft unseres Meisters. Besonders charakteristisch ist die Behandlung der Falten und des Laubes.

Nicht von Altdorfer scheint das folgende im Münchener kgl. Kab. ausgestellte Blatt zu sein.[12a])

München kgl. Kab. Christus am Kreuz.
 Ohne Monogr., ohne Datum. H D T. rotbraun.
  Abb. Bruckmann ... I 3 als „Altdorfer".

Kürzlich (Lützows Kstchron. 1890, p. 385) bezweifelte Schm., ob diese prachtvolle Zeichnung von Altdorfer herrühre, ob dieselbe nicht vielleicht von Baldung sei. Uns scheint ganz unzweifelhaft, dass sie eine Arbeit Griens ist. Die sichere grofse Strichführung, das klare Verständnis des Anatomischen, das haarfeine, aus kleinen Häkchen gebildete Netz der weifsen Deckfarbe, das sich über die Lichtflächen legt, das sind Eigenschaften Baldungs. Eine Vergleichung mit den Darstellungen desselben Gegenstandes in Wien (Albertina) und in Berlin (kgl. Kab.) von Baldungs Hand überzeugt ohne weiteres, dass auch dieser Münchener „Christus am Kreuz" von Baldungs Hand ist. Diese Arbeit liegt jenseits der Grenzen, die Altdorfers Können gezogen waren.

20. München, Staatsbibliothek. Peuchels Sammelband p. 3.
 Anbetung des Kindes.
 1512 dt. Monogr. H D T. braun. (21 × 13,2.)

A. G. Peuchel, ein Regensburger Bürger des 17. Jahrhunderts brachte eine vortreffliche Sammlung von den Kupferstichen und Holzschnitten Altdorfers zusammen, die er in ein Buch einklebte und 1651 dem Rate der Stadt

Regensburg überreichte. Dieser Band kam später in die Münchener Bibliothek. Das Buch enthält auch drei Handzeichnungen: eine Portraitzeichnung aus dem 17. Jahrhundert, vielleicht das Portrait Peuchels (darauf ein gefälschtes Monogramm Altdorfers), Madonna mit dem Kind, etwa vom Anfang des 16 Jahrhunderts, eine Arbeit, die mit Altdorfer nichts zu thun hat (darauf gefälschtes Monogramm des Meisters) und endlich die oben genannte Zeichnung 20, die zweifellos von unserm Meister herrührt und echte Signatur trägt.

Das Dresdener kgl. Kab. besitzt keine Zeichnung Altdorfers. Die Landschaftszeichnung, die nach einer Notiz Gruners bei Schm. (p. 545) und auch bei Rosenberg erwähnt wird, ist nicht ein Entwurf, sondern eine spätere Durchzeichnung der entsprechenden Radierung unseres Meisters, als solche von der Verwaltung des Kabinetts jetzt erkannt.

21. Nürnberg, Germanisches Museum.

Ein männlicher Heiliger (Joseph?).

Ohne Datum, ohne Monogr. schwarze Federzeichnung auf bläulichem Papier. (12 × 8.1.)

Ganz kürzlich (1890) aus der Samml. Klinkosch in Wien erworben.

Abb. (aus dem Auktionskatalog der genannt. Samml.)
Chronik f. vervielf. Kst. II (1889), No. 3.

1516 etwa anzusetzen und sicher von Altdorfer.

Frankfurt a. M., Staedel-Institut besitzt folgende Zeichnungen unter dem Namen „Altdorfer":

a. (No. 646) Kreuzigung Christi. Federzeichnung auf farblosem Papier, in den Schatten leicht laviert.
1518 dt., ohne Monogr. (22 × 16,7.)

b. (No. 6922) Landschaft, männliche Figur im Vordergrund. Federzeichnung auf braunem Grund. (18 × 14,2.)

c. (No. 6923). Zwei nebeneinander sitzende weibliche Heilige. H D T. graugrün. (19 × 13,8.)

Die zwei letzten Blätter stammen aus der Sammlung Klinkosch.

Die Autorschaft Altdorfers ist zweifelhaft besonders bei b.

Die Komposition bei a stimmt genau überein mit derjenigen in der Berliner Zeichnung, die bezeichnet ist „J 1511 S" und derjenigen in der Zeichnung bei von Lanna in Prag, die ein gefälschtes Altdorfer-Monogramm hat. Von den drei Kreuzigungsdarstellungen hat das Berliner Blatt am ehesten den Anspruch für das Original gehalten zu werden.

22. Dessau, herzogl. Anhalt, Behörden-Bibliothek. Sammelband mit Zeichnungen deutscher Meister Bl. 57.

Marcus Curtius springt in den Abgrund. Keine Zuschauer.

1512 dt. Monogr. H D T. farbig. (21 × 15.)

Die Angaben über diese und die vier folgenden Zeichnungen sind einem Bericht entnommen, den Seidlitz im Jb. d. pr. Kstsamml. II, p. 11 veröffentlichte.

23. Dessau a. a. O. Bl. 56 verso. Wiederholung der oben genannten Zeichnung 8 (Berlin, kgl. Kab. von 1516).

Ohne Datierung, unechtes Monogr. (16,1 × 15,6.) H D T. farbig.

Nach der Ansicht von Seidlitz' steht diese Zeichnung an Trefflichkeit der entsprechenden in Berlin nicht nach und ist eine Wiederholung von des Meisters Hand. Wohl in der Höhe beschnitten.

24. Dessau a. a. O. Bl. 59 Genreszene in Landschaft. Vorn ein Jüngling am Rande eines Gehölzes gelagert, ihm wendet sich eine Frau zu; weiter hinten im Grase sitzend zwei Mädchen.

Ohne Datierung, ohne Monogr. H D T. farbig. (11 × 15,5.)

25. Dessau a. a. O. Bl. 58. Baumstudie.

Ohne Datum, Monogr. H D T. rotbraun (21,2 × 13,6.)

Die Technik scheint etwas anders als gewöhnlich, in so fern auch die dunkeln Partien weniger gezeichnet als mit dem Pinsel getuscht sind. Nach v. Seidlitz wirkt die Arbeit nichts weniger als naturalistisch.

26. Braunschweig, Museum. Marcus Curtius in den Abgrund springend. Andere Komposition als bei der oben genannten Zeichnung 22 in Dessau.

1512 dt.

In Weimar sollen sich Zeichnungen des Meisters aus Goethes Nachlass befinden (Notiz von W. B. in Thodes Kunstfreund p. 204). Chr. Schuchardt, Goethes Kunstsammlungen I, p. 257, nennt nur eine (No. 258).

In Meiningen besitzt die Samml. v. Fromm als „Dürer" eine Zeichnung (Pyramus und Thisbe), die R. Muther für eine Arbeit Altdorfers hält (mündliche Mitteilung).

27. Hamburg, Kunsthalle. Der hl. Christophorus.

1510 dt. Monogr. H D T. hellblau. (21,3 × 14,4.)

Aeufserst charakteristisches Blatt des Meisters.

In einer Auktion, die im Februar 1891 bei C. G. Boerner in Leipzig abgehalten wurde, kamen unter dem Namen „Altdorfer" vier Blätter vor (2—5 des Katalogs).

a. Beweinung Christi. Leicht getuschte Federskizze. (30,5 × 19).

b. Himmelfahrt Magdalenae. Federzeichnung (Rund von 7 cm Durchmesser).

c. Stadtansicht mit grofser Steinbrücke. H D T. braun. (19 × 29,5.)

d. Gebirgslandschaft; vorn Holzbrücke, links hohe Bäume. dt. 1515 Federzeichnung. (21 × 16.)

Die Autorschaft des Meisters ist bei diesen Blättern zweifelhaft, am ehesten von Altdorfer noch sind c und besonders d.

28. Wien, Albertina (ausgestellt.) Unverständliche mythologische Darstellung. Links kauert eine nackte Frau mit einem Kind; rechts setzt ein nackter Mann die Keule auf die Brust eines anderen Mannes, den er zu Boden geschlagen hat.

1510 dt. Monogr. H D T. graugrünlich. (19 × 14.)

Von Waagen (Kstdenkm. i. Wien II 161) als Arbeit Altdorfers erwähnt.

29. Wien, Albertina. No. 231. Landschaft. Waldpartie.

1512 dt. Monogr. (beides auf einem Täfelchen, das von einem Baumast herabhängt). Schwarze Zeichnung auf farblosem Papier. (20 × 13,9.) Waagen erwähnt das Blatt nicht. Die Arbeit ist in mancher Beziehung ungewöhnlich, doch wohl nicht anzuzweifeln.

30. Wien, Albertina. No. 228. Martyrium einer Heiligen durch Enthauptung.

Ohne Datum, ohne Monogr. H D T. grünlich. (19,1 × 15,7. Das Blatt scheint oben etwas beschnitten.

1514 etwa anzusetzen und sicher von Altdorfer. Von Waagen a. a. O. erwähnt.

31. Wien, Albertina. No. 229. Stigmatisation des hl. Franz.

Ohne Datum, ohne Monogr. H D T. braunrot. (14,6 × 11,2.

Dieses auch von Waagen a. a. O. anerkannte, recht unbedeutende Blatt ist möglicher Weise, aber nicht sicher von Altdorfers Hand. Die Formengebung ist mehr nüchtern richtig als sonst.

32. Wien, Albertina. No 227. Christus am Oelberg.

Ohne Datum, ohne Monogr. H D T. grau (auch dunkel getuschte Partien). (20,7 × 19.)

Photographie von Jägermayer No. 101.

Dies von Waagen nicht erwähnte Blatt ist von feiner malerischer Stimmung. Die Autorschaft des Meisters ist nicht evident, doch glaubhaft, wenn man annimmt, dass das Blatt in den 20er Jahren entstanden ist.

33. Wien, Albertina. No. 224 als „Burgkmair". In einem kreuzgewölbten Gemach giebt sich eine Frau (Lucretia?) den Tod und sinkt in den Schofs einer Frau. Mehrere Zuschauer.

Ohne Datum, Aufschrift von späterer Hand: „Hans Burgkmaier von Augspurg." Diese unechte Aufschrift hat die Zuteilung an den Augsburger Meister veranlasst. H D T. rotbraun. (21,5 × 14,2.)

Das Blatt scheint mir eine höchst charakteristische und gute Arbeit Altdorfers zu sein.

1516 etwa anzusetzen.

Mit Unrecht als „Altdorfer" in der Albertina befinden
sich folgende Blätter.

a. Wien, Albertina. No. 232. Landschaft.

1543 dt. Monogr. (gefälscht), schwarze Federzeichnung auf farblosem Papier.

Da die Datierung echt ist, so ist schon damit erwiesen, dass diese Zeichnung nicht von Altdorfer herrühren kann. Das Blatt stammt von einem mäfsigen Nachahmer.

Von Waagen a. a. O. angezweifelt.

b. Wien, Albertina. No. 226 A. Johannes der Täufer in der Wüste predigend.

1510 dt. (Datum sieht leidlich echt aus), Monogr. (gefälscht).

Dieses von Waagen nicht erwähnte Blatt ist entschieden nicht von Altdorfer (schwarze Federzeichnung auf farblosem Papier).

Aus dem Schatz der Dürer-Zeichnungen in der Albertina war Waagen (a. a. O. p. 175, 178) geneigt, einige Blätter dem Regensburger Meister zuzuteilen.

c. Wien, Albertina. No. 117. Auch jetzt noch als „Dürer". Anbetung der Hirten.

1520 dt. Monogr. Dürers (beides gefälscht).

Waagen: „eher Altdorfer als Dürer".

In Prestels Publikation des Praunschen Kabinetts findet sich dieses Blatt gestochen (unter No. 28). Nach dieser alten Reproduktion lässt sich feststellen, dass unser Blatt ursprünglich höher war als jetzt und auf dem abgeschnittenen (abgeschnitten mutmafslich von dem Fälscher des Dürer-Monogramms) Teil die Datierung 1548 trug. Danach kann die Zeichnung weder von Dürer noch von Altdorfer sein. Zu demselben Ergebnis führt die Betrachtung des Stils.

d. Wien, Albertina. No. 175. Als „deutsche Schule" nicht mehr als „Dürer". Der hl. Hieronymus.

Diese hübsche, mit peinlicher Sorgfalt ausgeführte Arbeit wollte Waagen mit Bestimmtheit Altdorfer zuteilen, wie uns scheint, ganz mit Unrecht.

e. Wien, Albertina No. 76 als „Dürer" Entwurf zu einem Flügel-
altar.
: 1511 dt., ohne Monogr.
: : Waagen: „eher Altdorfer".
: : Diese Zeichnung scheint ebensowenig wie die beiden zuletzt genannten von Altdorfer herzurühren.
Prag, Samml. von Lanna, Kreuzigung Christi.
: Dieses Blatt trägt ein unechtes Monogr. Altdorfers. W. Schmidt bezeichnet die Arbeit (auf einer Photographie, die das Münchener kgl. Kab. besitzt) als „W. Huber". Nun deckt sie sich aber ganz genau mit einer Zeichnung im Berliner kgl. Kab. (No. 99) die bezeichnet ist: „J 1511 S". Das Berliner Blatt hat schon wegen seiner Signatur, an deren Echtheit man nicht zweifeln kann, mehr Anrecht für das Original gehalten zu werden, als das Prager Blatt. Im Staedel-Institut zu Frankfurt a. M. findet sich dann dieselbe Komposition als „Altdorfer" (dt. 1518) ein drittes Mal.

(34) Venedig, Akademie ausgestellt. Rahmen XX, 13. Herkules im Kampf mit Antaeus. Stiassny: Baldung?
: 1515 dt, ohne Monogr. H D T. rotbraun.
: : Die Angaben für diese und die folgende Zeichnung gehen auf den Bericht R. Stiassnys im Repert. f. Kstw. XI, p. 375 zurück.

35. Venedig, Akademie. Rahmen XX, 14 als „sc. tedesca". Johannes auf Patmos.
: Ohne Datum, ohne Monogr. H D T. dunkelbraun.
: : Von Stiassny Altdorfer zugeschrieben.

Florenz, Uffizien als „unbekannt", Braun, Photogr. No. 985. Beweinung Christi.
: 1513 dt., ohne Monogr. H D T.
: : Rührt vielleicht von Altdorfer her.

(36.) London, Britisches Museum. Landschaft.
: Ohne Datum, ohne Monogr., schwarze Federzeichnung. (34 × 21.)
: : Wurde von Waagen Altdorfer zugeteilt und ist danach citiert bei Schm. (p. 544). Ich kenne die Zeichnung nur aus der Abb. bei J. Gilbert, Landscape in Art p. 302.

Danach scheint die Arbeit nicht von Altdorfer, vielmehr von W. Huber zu sein.

In der Samml. Mitschel, die 1890 in Frankfurt versteigert wurde, galt eine Zeichnung als Arbeit Altdorfers, „der Engel erscheint Joachim" No. 1 des Auktionkatalogs. Die Autorschaft wurde jedoch bezweifelt von H. Thode (Repert. f. Kstw. XIII, p. 389).

Amsterdam, Reichsmuseum. Verkündigung an Joachim.

(10,9 × 7.) Größer in den Maßen, sonst genau übereinstimmend mit der entsprechenden Darstellung in Altdorfers Holzschnitt-Folge des „Sündenfalls"; mit B. 4. Wohl nur Nachzeichnung nach dem Holzschnitt, nicht von der Hand des Meisters.

37. Petersburg, Ermitage als „Schule des Lukas von Leyden". Geburt Christi.

Ohne Datum, ohne Monogr.   H D T. braun

Die Zuteilung an Altdorfer geht auf Waagen zurück. Nach Waagen ist die Zeichnung citiert von Schm. und Rosenberg. Die Vermutung des letzteren, dass sie Pendant zu der Berliner Zeichnung von 1512, der Anbetung des Kindes sei, ist willkürlich. Vgl. Waagen, d. Gemäldesamml. i. d. Ermitage, p. 320.

38. Besançon, Stadtbibliothek. In dem hier aufbewahrten Teile des Gebetbuchs, das der Kaiser Maximilian von 7 deutschen Meistern mit Randzeichnungen zieren ließ, sind 8 Blätter von Altdorfer.

1. Bes. 12. Tf. V (der Publikat. im III. Ib. d. Samml. d. österr. Kaiserhauses). Rechts Christus in ganzer Figur auf Postament, unten musizierende Reiter, links gotisierende Ranke, oben Engelsköpfe in Wolken.

2. Bes. 10. Tf. VII. Rechts ein großer Engel betend, ganze Figur, unten alter Mann und Engelknaben. Monogr Altdorfers, das jedoch nicht von der Hand des Meisters zu sein scheint.

3. Bes. 12. Tf. IX. Rechts Christi Brustbild in Wolken, unten ein freistehender Brunnen, dabei Greis, Jüngling, Frau und Kinder, links Ranke, oben Füllhörner.

4. Bes. 31. Tf. XXXIV (stark ruiniert). Rechts stehender Engel (?), unten Darbringung des Christkindes am Altar, links Ranke, von Vögeln belebt, oben Schreibzüge.
5. Bes. 31 v. Tf. XXXV. Unten ruhender Löwe (Kopie nach Dürers Kupferstich „Hieronymus im Gehäus", B. 60), links Rankengewächs, spielende Putten.
6. Bes. 32. Tf. XXXVI. Rechts Maria in ganzer Figur auf Sockel stehend, unten drei Engelknaben aus einem Notenblatt singend, links Ranke, oben Brustbild eines Engels.
7. Bes. 33. Tf. XXXVII. Rechts kandelaberartige Säule, unten Nashorn (Kopie nach Dürers Holzschnitt B. 136), oben Brustbild eines Engels.
8. Bes. 34. Tf. XXXVIII. Rechts und unten grofse, gotisierende Ranke, darin rechts sitzend ein Mann mit Keule, links Ausläufer dieser Ranke, oben Schreibzüge und Füllhorn.

Diese 8 Randzeichnungen sind mit spitzer Feder ausgeführt, mit dunkler farbiger Tinte. Sie entstanden im Jahre 1515, wie der ganze Schmuck des Buches. Dass sie von unserm Meister herrühren, ist trotz der fehlenden echten Signatur seit Auffindung des Besançoner Buches mit Recht von keinem Forscher bezweifelt worden.

Vgl. Ed. Chmelarz, Text der oben genannten Publikat. im III. Jb. p. 88.

Folgende Zeichnungen sind mir in Reproduktionen bekannt geworden, während die Originale verschollen sind, oder mir wenigstens ihr gegenwärtiger Aufbewahrungsort unbekannt blieb.

(39.) Photograph. Aufnahme „Collection Grahl, No. 5". Landschaft. 1525 dt. Monogr. sehr flott zeichnend und auch etwas tuschend mit dunkler Farbe ausgeführt.

Echt allem Anschein nach und von grofser Wichtigkeit als einzige bekannte, aus den 20er Jahren datierte Zeichnung des Meisters.

(40.) Kupferstich J. Th. Prestels in der Publikation: Dessins des meilleurs peintres d'Italie . . . . du Cabinet de Paul Praun à Nuremberg. Gravés par J. Th. Prestel 1780, No. 44. „Der Mund der Wahrheit." Derselbe Gegenstand und ähnliche Komposition wie in der Zeichnung 5 (oben) im Berliner Kab. von 1512. Das von Prestel gestochene Blatt wird erwähnt von Murr, description . . . . du Cabinet de P. Praun, p. 55, No. 2. Hier auch eine genaue Erklärung des Gegenstandes.

1513 dt. Monogr. H D T.

Allem Anschein nach von der Hand Altdorfers. Schm. Verz. d 5 (p. 553) citiert die Reproduktion.

(41) Kupferstich von J. Th. Prestel in der Publikation: Dessins des meilleurs Peintres d'Italie . . . . tirés de divers Cabinets. Gravés par J. Th. Prestel. 1782, No. 21. Befand sich ebenfalls im Praunschen Kabinett und wird von Murr a. a. O., p. 54, No. 1 erwähnt.

Eine Heilige (Barbara?) mit Kelch in der Hand, ganze Figur in Seitenansicht.

1517 dt. Monogr. H D T.

Allem Anschein nach von Altdorfer. Schm. Verz. d 4. J. Th. Prestel stach noch eine dritte Zeichnung des Meisters, in seiner Publikation: Cinquante Estampes gravées par J. Th. Prestel, d'après les Dessins . . . . tirés de divers célèbres Cabinets. 1814, No. 10. „Zwei weibliche Figuren am Ufer des Meeres neben erlegten Seeungeheuern." Feder auf bräunlichem Grund. Dieser Stich ist mir nicht bekannt geworden, ich kann daher nicht urteilen, ob das Vorbild, das sich nicht bei Praun befand, mit Recht für eine Arbeit Altdorfers gehalten wurde. Schm. Verz. d 6.

J. D. Laurentz stach eine Landschaftszeichnung Altdorfers, auf der eine „Brücke bei Sonnenschein" dargestellt war (Federzeichnung) in: Eine Sammlung Kupferstiche nach verschiedenen Handzeichnungen . . . . geätzt von J. C. Krüger und J. D. Laurentz. Beibl. Das Original scheint eher von W. Huber als von Altdorfer gewesen zu sein.

Vgl. für die 4 zuletzt genannten Stiche R. Weigel, die Werke der Maler in ihren Handzeichnungen. 1865.

Endlich sind in der älteren Litteratur folgende Zeichnungen genannt, deren gegenwärtiger Aufbewahrungsort nicht bekannt ist.

Murr, description .... p. 55. No. 3. „Hl. Hieronymus, dt. 1513"
    Befand sich bei Praun wie die oben genannten 7 (Berlin), 40, 41.
Katalog einer Sammlung v. Original-Handzeichnungen v. J. A. G. Weigel, Leipzig 1869, p. 5.
    „Christus begleitet von zwei Jüngern spricht zu der vor ihm knieenden Ehebrecherin, neben ihr ein sie anklagender Mann mit einem Stein in der linken Hand. Szene in einem Tempel. Im Hintergrunde zwei Männer. 1518, brauner Grund, Tusche, weifs gehöht. Br. 3,6. H. 4,10 (Zoll?)."
Auch Halm im 1. Bd. der citierten Materialien beschreibt ausführlich und wirr eine angebliche Zeichnung Altdorfers, die jetzt nicht bekannt ist.

Nachtrag.

In der Samml. Vicar zu Lille befinden sich nach dem Katalog 4 Zeichnungen Altdorfers (No. 911—914).

Davon sind zwei in der That von seiner Hand.

42. Zwei zusammengehörige, wahrscheinlich aus demselben Blatt ausgeschnittene Figuren:
    No. 912. Ein Pilger (10,2 × 4,2).
    No. 913. Der Evangelist Johannes (10,5 × 6).
    HDT. olivgrau. Charakteristische Arbeit etwa von 1516.

Anmerkungen.

1) So berichtet nach einem Bürgerbuch Gumpelzhaimer (Vorträge, V. Jahrg., 2. April 1835, § 12), vgl. Verhandl. d. hist. Vereins v. Oberpfalz u. Regensb. XII (1848), p. 330. Der Ausdruck: „Maler von Amberg" scheint zu sagen, dass Altdorfer in Amberg sesshaft war, ehe er sich nach Regensburg wandte.

2) Mander erwähnt Altdorfer nicht.

3) Da es in Deutschland etwa 15 Orte des Namens giebt, ist die Reihe derartiger Hypothesen noch nicht beendet.

4) Nach einem Abdruck im Besitz des Dr. G. Freund veröffentlicht von Fr. Warnecke (Heraldische Kunstbll., Görlitz 1876, Tf. 19, Text p. 8). Das Blatt misst 8,4×5,0 cm. —

Für Erhard vgl. Meyers Allg. Kstlerlex. I, p. 553 (hier auch die ältere Litteratur), dann Sarre, Beiträge zur Mecklenb. Kstgesch. Inaug.-Diss. Berl. 1890 p. 62. Doch fehlt an beiden Orten die früheste bekannte Arbeit des Meisters, die sein Geburtsjahr annähernd feststellt.

5) Unter den in Urkunden gefundenen Regensburger Künstlern, die Sighardt (Gesch. d. bild. Kste. i. Kgr. Bayern, p. 652) aufzählt, ist ein Ulrich, der 1489 als „Briefmaler" vorkommt. Da Ulrich Altd. sich 1489 sicher in Regensburg aufhielt, so ist die Möglichkeit vorhanden, dass er mit diesem „Ulrich Briefmaler" identisch ist.

6) Man wollte die Verbindung Altd.s mit Dürer wahrscheinlicher machen durch die Bemerkung: 1505 löst Dürer in Nürnberg seine Werkstatt auf, 1505 erscheint Altd. in Regensburg (vgl. Thausing, Dürer 2 I p. 176). Aber die Urkunde von 1505 bezeichnet unsern Meister als „Maler von Amberg".

7) Heller, Dürer II p. 68.

Die Zeichn. scheint nicht die Signatur Dürers besessen zu haben neben ihrer „altertümlichen" Inschrift.

8) Das Verhältnis zu Grünewald kommt erst unten zur Sprache, in Abschnitt II.

9) Es handelt sich hier vorläufig um die Frage, unter welchen Anregungen Altdorfers Kunst bis 1505 sich entwickelt hat.

10) Ueber dieses Gem., das auch sonst wichtig ist, s. m. Verz. II 7 im Anhang.

11) Vgl. Janitschek p. 434.

12) Der Vollständigkeit wegen sei hier erwähnt, dass W. Schmidt (Repert. f. Kstw. XII, p. 40) die Vermutung ausgesprochen hat, Wolfgang Huber (Monogrammist W H), der früher öfters als von Altd. abhängig hingestellt wurde, habe seinerseits vielmehr auf denselben gewirkt. Schm. glaubte nämlich Zeichnungen von W H. mit ganz frühen Datierungen in Pest gesehen zu haben (1504). Die früheste, mir bekannte Zeichnung des jedenfalls sehr interessanten Künstlers, befindet sich im german. Mus. in Nürnberg (bz. W H 1510; abg. Eye u. Falke, Kst. u. Leben d. dtsch. Vorzeit II, Heft VIII, Tf. 8) und ist eine ganz merkwürdige, einfache, naturalistische Landschaftsstudie. Ueber das Verhältnis dieses Künstlers zu Altd. lässt sich vorläufig nichts Bestimmtes sagen. Selbst wenn er älter als Altd. war, ist damit die Thatsache einer Einwirkung noch nicht gegeben. War W H. in Regensburg thätig? Eine in Berlin (kgl. Kab.) vorhandene, bezeichnete Porträtzeichnung des Meisters scheint auf Dürers Vorbild zu weisen. Fürs erste gilt es, das Werk des Meisters zusammenzustellen, womit Schmidt und Muther (Meisterholzschn. Tf. 67) begonnen haben. Schmidts Versuch freilich, ein Gem. für den Meister in Anspruch zu nehmen, scheint mir misslungen (Schleifsheim No. 184 „Grünewald" bz. 1503). Dies Bild ist wahrscheinlich von Grünewald.

Eine unbekannte Zeichn. W. Hubers (bz. W H 1526) befindet sich als „Dürer" in Mailand (Ambrosiana) photogr. v. Braun als „Dürer" No. 201, stellt dar: Christus am Oelberg.

Dresden, kgl. Kab. Die Zeichn. genannt „Kranach" (bz. 1517), darstellend eine Landschaft, scheint mir auch von der Hand W. Hubers (photogr. Braun, No. 350).

13) ⊓ frühere Form; ⊓ spätere Form.

Dieser Unterschied mag hier ganz allgemein bemerkt sein; Schlüsse daraus im Einzelnen auf die Entstehungszeit undatierter Werke können und sollen nicht gezogen werden. — Jedes in der folgenden Darstellung erwähnte Werk Altd.s trägt, falls nichts von der Bezeichnung gesagt wird, eine unbezweifelte Signatur der bekannten Form.

14) Deshalb habe ich oben bemerkt, wo die einzelnen Blätter zu finden sind.

15) 2 oder 3 dem Meister zugeschriebene, mit späteren Zahlen datierte Blätter haben keine Signatur und keins von ihnen ist unzweifelhaft sicher.

16) Die originale Kupferplatte von einem dieser frühen Stiche, von B. 15 (1507) existiert noch im Besitze G. Hirths. Auf der Rückseite dieser Platte ist ein Bär dargestellt. Auch diesen Stich von der Rückseite der Platte veröffentlichte Hirth als Arbeit Altd.s. Diese Zuteilung wurde von Lehrs angegriffen, von J. Springer verteidigt. Der „Bär" gehört zu einer Reihe anderer unbezeichneter Tierdarstellungen, und, wenn Hirth Recht hätte, müsste Altd.s Werk um die ganze Folge bereichert werden. Dem kann ich nicht zustimmen. Wird man ungern — mit Lehrs — einem Künstler, der mit ganz wenigen Ausnahmen seine Arbeiten bezeichnete, eine ganze Folge von unbezeichneten Blättern (14) zuteilen, so ist das zoologische Interesse, das die Tiere isoliert, ohne Bodenangabe, ohne jede landschaftliche Umgebung darstellt, die hervorragende Korrektheit der Form und das Verständnis für die Stoff-

charakteristik des Felles, der Federn u. s. w. durchaus nicht im Sinne unseres Künstlers. Auch die technische Behandlung ist fester, gröfser, freier als bei Altd. (vgl. die Polemik in der Chronik f. vervielf. Kst., Wien 1888, I. Jahrg., pp. 34, 69, 93, 94).

17) Das Blatt wird freilich von den Kennern als Arbeit Altd.s anerkannt, sogar von Lehrs, der sonst unbezeichneten Stichen Altd.s gegenüber sehr skeptisch ist.

18) Chronik f. vervielf. Kst., Wien 1890, No. 5, p. 35. Dieser Aufsatz stellt sorgfältig alles zusammen, was Altd. von Italien empfangen hat; er ist immer gemeint, wenn im folgenden der Name seines Autors genannt wird.

19) Eine andere, zweifelhafte Zeichn. von 1506, sowie die übrigen mir bekannt gewordenen, die zwischen 1506 und 1511 entstanden sind, findet man in m. Verz. III.

20) Dürer, et ses dessins, p. 29, Note 2.

21) Ob die beiden Bildchen von Anfang für eine Vereinigung dieser Art gedacht sind, weiss ich nicht, jedenfalls gehören sie zusammen; jedes ist für sich bezeichnet und datiert.

22) Für Brunnen dieser Form hat Altd. eine grofse Vorliebe, sie finden sich noch 1515 auf einem Blatt des Gebetbuchs in Besançon (m. Verz. III 38, 3).
1520 (etwa) auf dem Schnitt B. 59.
1526 auf dem Gem. der Susannahistorie (m. Verz. I, 21).
1506 (vielleicht) auf einer zweifelhaften Zeichn. in Berlin (m. Verz. III, 2).

Stiassny (a. a. O.) macht auf ein Dürer zugeschriebenes, mit Dürers Monogramm und 1511 bezeichnetes Holzrelief aufmerksam, das einen „Liebesbrunnen" darstellt. Der Brunnen auf diesem Relief ist ähnlich denen Altd.s, zumal dem auf B. 59. Doch glaube ich nicht, dass der Entwurf zu der Arbeit von Altd. stammt. Das Relief ist wohl eine Fälschung, bei deren Herstellung vielleicht Altd.s Holzschn. benutzt wurde. Abb. Jahresheft d. Württemb. Altertumsver. V; genau übereinstimmendes Relief in Stuck im Berliner Museum (Inv. No. 436), bz. mit Dürers Monogr. und 1513. — Vorbild für Altd.s Brunnenform war vielleicht Zoan Andreas Stich B. 15.

23) Vgl. R. Vischers geistreiche Ausführungen (Studien, p. 608) über die bisher wenig beachtete Erscheinung, dass fast alle nordischen Maler um 1500, die Niederländer auch schon früher, eine Vorliebe für romanische Bauformen haben. Altd. mögen die grofsartigen romanischen Monumente in Regensburg angeregt haben.

24) Die harmonische Feinheit des Kolorits in diesen frühen Bildern muss um so stärker betont werden, als der Künstler ihr im Gange seiner Entwicklung nicht treu bleibt.

25) In der mittleren Zeit werden die Mafse etwas gröfser, doch wohl stets im Zwange des Auftrags.

26) Daher passt auch der für Altd. üblich gewordene Ausdruck „phantastisch" hier durchaus nicht, eher bei einigen späten Bildern des Meisters.

27) In dieser Beziehung lernt Altd. später sehr viel.

28) Altds. Malverfahren ändert sich später sehr stark.

29) Hier sind neben den Gemälden die oben genannten Stiche berücksichtigt wie die Zeichnungen, die aus den Jahren 1506—1511 stammen.

30) In den späten Arbeiten bevorzugt Altd. im schärfsten Gegensatze dazu untersetzte Körper mit relativ grofsen Köpfen. Es giebt keinen besseren Anhaltspunkt als diesen, die frühen von den späten Arbeiten zu scheiden.

31) Spätere Bilder des Meisters dagegen sind farbig, selbst bunt.

32) Die Ursachen liegen in Dürers Verhältnis zur älteren Tafelmalerei. (Vgl. oben.)

33) An etwas Derartiges scheint Rosenberg (p. 35) gedacht zu haben.

34) Auch Altd.s Bruder Erhard war von Haus Zeichner und Maler: in hohem Alter sandte er (1550 etwa) ein architektonisches Modell an seinen Gönner, den Herzog von Mecklenburg und unterzeichnete das Begleitschreiben höchst charakteristisch: „Erhard Altdorfer itzt bawmeister." (Vgl. den Abdruck des Schriftstückes bei Sarre, Beiträge . . . p. 108.)

35) Die Tafelmalerei im südlichen Bayern geht anscheinend voran. Jedoch kann man sich vorläufig nur sehr zurückhaltend äufsern, da für die kunsthistorische Verarbeitung des betreffenden Materials kaum etwas geschehen ist, die bayerischen Monumente noch nicht inventarisiert sind, ein Katalog der Gemälde des bayerisch. Nationalmuseums nicht existiert und das Studium dieser Bilder bei der jetzigen Aufstellung derselben mit Aussicht auf Erfolg nicht unternommen werden kann. —
Ein in der Augsburger Postzeitung von 1856 (Nr. 132, Beilage vom 11. Juni) erschienener Aufsatz giebt noch heute die beste, freilich keine gute Auskunft über die Tafelmalerei des 15. Jahrhunderts in der Umgebung von Regensburg und in Regensburg.

36) Vgl. B. Haendke, B. Furtmayr, Inaug.-Diss. München 1885.

37) Janitschek (p. 296) scheint solcher Vorstellung geneigt.

38) Die Miniaturen begleitete der geschriebene Text!

39) München Staatsbibl. c. p. 28; vgl. Haendke a. a. O.

40) Das Hauptwerk Furtmayrs, ein fünfbändiges Missale ist in der Münch. Staatsbibl. (cod. p. 22). Haendke teilt bei mehr als einem Bilde dieses Werkes die Ausführung der Landschaft dem Meister selbst, die Figuren Gesellenhänden zu. Sah Haendtke richtig — was mir doch zweifelhaft erscheint — so wäre das ein überraschendes Zeugnis für die Bedeutung der Landschaft in dieser Kunst; irrte er, so bleibt als Zeugnis zurück, dass dem modernen Forscher die Landschaft Furtmayrs mehr als seine Figuren die Marke der Meisterschaft zeigten.

41) Ein Altdorfer zugeteiltes Gemälde bei Liechtenstein in Wien, das von 1511 datiert ist, kann ich für eine Arbeit des Künstlers nicht halten (vgl. m. Verz. II, 10).

42) Allenfalls kann das Bild in Glasgow, das kein Datum und auch keine Signatur besitzt, das auf die Autorität Waagens hin in das Werk aufgenommen wurde, aus dieser Zeit stammen. Jedoch kenne ich dieses Gemälde nur aus einer schlechten Abb. (m. Verz. I, 6).

43) Wenigstens existiert kein nach 1511 datierter Stich im Werk Altdorfers, der das Monogramm trägt und unzweifelhaft ist.

44) Die überwiegende Mehrzahl der Zeichnungen stammt aus eben dieser Zeit, während Altdorfer den Kupferstich damals vernachlässigte.

45) Vgl. z. B. die beiden von Muther veröffentlichten Schnitte.

46) Von den bei Schmidt aufgezählten Holzschnitten sind mir unbekannt geblieben:
Pass. 64 (S. 61) Katharina auf dem Rade stehend. Offenbar sehr selten, auch von Schm. nicht gesehen, Schm. giebt die Mafse in Zoll an. Das Blatt soll signiert sein.

S. 66 (nach Notiz von Andresen) Titeleinfassung. Signiert. Die Mafse fehlen bei Schm.

S. 67 Zug von Bauern. 3 Platten. Ohne Zeichen. Wessely schrieb, aller Wahrscheinlichkeit nach mit Unrecht, diesen Schnitt Altdorfer zu. Im Berliner kgl. Kab., wo es zu erwarten wäre, ist das Blatt nicht aufzufinden.

47) B. 57 (Hieronymus) hat gröfsere Mafse, daher ist das Ergebnis derselben Absichten hier ruhiger, zarter und feiner.

48) Die Herkunft der beiden Tierdarstellungen ist von dem Herausgeber des Gebetbuches erkannt im III. Jb. d. k. k. österr. Kunsts. (m. Verz. III, 38,5 und 7).

49) Dies hat v. Seidlitz richtig bemerkt (Jbch. d. pr. Kstsamml. II p. 11, vergl. in m. Verz. III.).

50) Vergl. A. Springer, Bilder aus d. neuer. Kstg. 2 II. p. 3.

51) Damit soll nicht geleugnet werden, dass Baldung zuweilen auch diese Wirkung der Technik nebenbei in Rechnung zog.

52) Im kgl. Kab. (m. Verz. III 4) Anbetung der Könige.

Nur im zweiten Jahrzehnt des Jahrhunderts handhabt Altd. die Helldunkeltechnik in der angedeuteten eigenen Weise. — Dagegen sind, wie es scheint, die wenigen Blätter aus den 20er Jahren mit dunkler Tusche übergangen und die ganz allein dastehende Berliner Zeichnung aus den 30er Jahren (dt. 1533, m. Verz. III 17) zeigt Helldunkeltechnik mehr in der rationellen Art Dürers und Baldungs.

53) Auch die Holzschnitte dieses Jahres zeigten einen Fortschritt (s. oben).

54) Vergl. über dieses Gebetbuch, das ein anderer Teil des bekannten von Dürer gezierten Gebetbuches des Kaisers Maximilian in München ist, Ed. Chmelarz im Jbch. d. ksthist. Samml. d. österr. Kaiserhauses III p. 88 — . Hier sind sämtliche Zeichnungen des Besanç. Exemplares gut abgebildet. (Ich citiere nach den Tafeln dieser Publikation.) S. m. Verz. III 38.

55) Es ist jetzt kein Zweifel mehr, dass Thausing irrtümlich die Autorschaft Cranachs in Zweifel zog. Abgesehen davon, dass die betreffenden Blätter des Münchner Buches stilistisch wohl für den sächsischen Meister passen, tragen sie seine Signatur und in Besançon sehen wir, dass diese Signaturen zwar nicht von den Künstlern, doch von gleichzeitiger, kundiger Hand aufgesetzt sind, vielleicht von Peutinger.

56) A. Bayersdorfers Hypothese, dass M. A. ein urkundlich (1517 in Oberschwaben) vorkommender Marcus Asfahl sei, scheint sehr ansprechend. Dass M. A. in Oberschwaben thätig war, geht — abgesehen von dem Stil seiner Zeichnung — daraus hervor mit Wahrscheinlichkeit, dass er auf einem Blatt (Tf. XV) neben Baldung (Freiburg?) arbeitete.

57) Kein Künstler dieser Zeit hat so wenig Interesse für das Ornament wie Baldung.

58) Dürers Dekorationsstil verschwindet später (seit 1520) vollständig aus Altdorfers Kunst. Für die Datierung seiner Arbeiten ist die Beobachtung des Verhältnisses zur Renaissanceform von grofsem Nutzen.

59) Auch die Darstellung in Halbfiguren ist in Deutschland zu dieser Zeit selten.

60) Die hier angenommene Beziehung zu Italien ist zufällig, äufserlich, ohne Bedeutung für die Entwicklung des Künstlers.

Wenn R. Vischer (Studien, p. 190) unsern Meister ohne Begründung in seinen langen Katalog der Künstler aufnimmt, die Mantegna angeregt haben soll, so weifs ich nicht, wie diese wunderliche Verbindung zu erweisen wäre.

W. Schmidt hat auch einmal vor einem Bilde Altdorfers an Mantegna erinnert, doch hält er das betreffende Gemälde jetzt mit Recht selbst nicht mehr für eine Arbeit unseres Meisters (Schmidt, p. 540; m. Verz. II, 4).

Vor Werken des Pseudo-Altdorfers (m. Verz. II, 3, 4, 5, 6) mag auch Vischers Meinung entstanden sein.

Im Besitz von Dr. D. Burkhardt in Basel befindet sich ein Gemälde (Kreuzabnahme) als „Altdorfer", das mit Benutzung von Kupferstichen Mantegnas komponiert ist. Das Bild lässt jedoch die Hand unseres Meisters durchaus nicht erkennen (s. m. Verz. II, 31).

61) Auf der guten photographischen Aufnahme Löwys treten die Schwächen des Bildes unvergleichlich stärker hervor als im Original. Die Färbung in diesen frühen Gemälden Altdorfers hat ausgleichende und mildernde Kraft.

62) Diese Ansetzung erhält hier eine kleine Bestätigung. Denn dafür, dass die Darstellungen des Altars den Holzschnitten entlehnt sind, dass nicht das Umgekehrte der Fall ist, dass also die Holzschnitte vor 1517 entstanden sind, spricht folgendes:

1. Die Darstellungen sind gleichseitig; bei einer Entlehnung von dem Altar für die gedruckten Blätter wäre Gegenseitigkeit wahrscheinlicher.
2. Die Kompositionen, besonders die der Auferstehung scheinen weit eher für das Format der Schnitte als für das hohe Format der Flügel erfunden zu sein.

63) Uebrigens ist Schärfe und Feinheit der Ausführung durchaus nicht zu erwarten. Das Wiener Bild von 1515 wie alle früheren Gemälde des Meisters sind keineswegs besonders scharf und fein ausgeführt. Schmidt nahm den Mafsstab wohl von späten beglaubigten Bildern (seit 1526 etwa) oder von den Werken des Pseudo-Altdorfer, dessen Hauptwerk, der bekannte Flügelaltar mit der Kreuzigung Christi in Augsburg gerade aus dem Jahr 1517 stammt.

64) Diese Aussage wird ergänzt und bestätigt durch den einzigen datierten olzschnitt aus dieser Zeit (S. 54, dt. 1517), der eine im wesentlichen gotische, freilich schon sehr aufgelöste Architektur zeigt.

65) Wichtig ist Waagens Urteil über den Altar, weil dasselbe vor der verhängnisvollen Restauration abgegeben ist (Kstwerke. u. Kstler. i. Deutschld. II, 124). W. zweifelt nicht an Altdorfers Autorschaft.

66) Die Jahreszahl nach Gumpelzhaimer, Regensburgs Geschichte II (1837), p. 634. Neumann (p. 537) scheint irrtümlich diese Arbeit um 1519 anzusetzen. Gemeiner (Chronik IV, 190; Anm. 396) behauptet, Altdorfers Entwurf sei noch bei den Akten. Jetzt ist von demselben im Regensburger Rathaus nichts mehr bekannt.

67) Dieses eigentliche Wunderbild, das der hl. Lucas selbst gemacht haben wollte (Gumpelzhaimer a. a. O., p. 691), darf nicht verwechselt werden mit der Statue Mariae, die Haidenreich arbeitete und die später vor der Kapelle aufgestellt wurde. Die „schöne Maria" stand in der Kapelle.

68) Dieses Gemälde Magks ist — wie mir scheint — erhalten, in der Kirche St. Johann in Regensburg (beim Dom), auf einem Altar der rechten Wand. Dass dieses Bild — Maria mit Kind, $^3/_4$ natürl. Größe, Kniestück — die „schöne Maria" darstelle, ist nach den Eigentümlichkeiten der Tracht zweifellos; ebenso zweifellos lässt sich stilistisch die Zeit, 1. Hälfte des 16. Jahrhunderts, feststellen. Da ferner angegeben wird, das Bild stamme aus der Kirche der „schönen Maria", der jetzigen protestantischen Neupfarrkirche, die aller älteren Kunstwerke beraubt ist, da das Gemälde mit seinem mäßig großen, schmalen Format auf einen Opferstock sehr wohl passt, da noch eine dritte Darstellung der „schönen Maria" neben dem Wunderbild selbst und dem Nachbild auf dem Opferstock schwerlich anzunehmen ist, so dürfen wir wohl mit einiger Wahrscheinlichkeit in dem feinen und anmutigen Bild von St. Johann, das leider jüngst wenig pietätvoll restauriert wurde, die Arbeit Magks erkennen. Auffallend ist die weiche, runde, liebliche Formenschönheit des Kopfes, die wohl von der alten Holzstatue nicht stammt, vielmehr Magks Eigentum ist. (Einen ganz ungenügenden Holzschnitt nach diesem Bild findet man bei Walderdorff, Regensburg in seiner Vergangenheit . . ., p. 107.)

69) Nicht ein Exemplar dieser Medaille konnte ich in Regensburg noch auffinden.

70) Diese Nachricht wie die vorangehende geht auf Gumpelzhaimer (a. a. O.) zurück, dem die neueren Regensburger Lokalforscher nicht unbedingt vertrauen.

71) Dieses Mittels der Datierung hat sich bereits J. Springer bedient (Jb. d. pr. Kstsamml. VII, p. 154).

Die Aufzählung giebt die Blätter (Holzschnitte und Kupferstiche durcheinander) in der mir wahrscheinlichsten zeitlichen Abfolge der Entstehung.

72) In Nürnberg bürgert sich das Drucken von mehreren Platten verhältnismäßig spät ein.

73) In demselben Sinn sind Wechtlins Schöpfungen und die etwas später erschienenen bekannten Helldunkelschnitte nach Dürer, so dass — so weit mir bekannt — Altdorfers Blatt in der angedeuteten Hinsicht recht isoliert dasteht.

74) Etwas verkleinerte Abb. nach einem Abdruck von der Strichplatte bei Hirth, Formenschatz I, 48. Lübke (Deutsche Renaiss. I, p. 76) vergleicht unsern Altar mit einem römischen Triumphbogen.

75) Eines an sich willkommenen Mittels für die Datierung der Stiche kann ich mich nicht bedienen. Der unserm Meister zugeteilte Kupferstich B. 9 trägt die Jahreszahl 1519 (der dornengekrönte Christus und Maria). Dies Blatt ist jedoch

ohne Signatur und ich vermag Altdorfers Hand nicht zu erkennen. Die Behandlung des Haares, die bauschige Faltengebung, die psychologische Durchbildung des Ausdrucks, selbst die Form des Kopftuches sprechen dagegen, dass die Arbeit von dem Regensburger Meister herrührt.

76) Nach diesem Modell fertigte Ostendorfer einen sehr grofsen Holzschnitt, dessen originale Holzplatte sich noch im Münchn. Nation.-Mus. befindet. Obwohl die Arbeit Ostendorfers Monogramm zeigt (M und O aneinander gestellt) wird sie von P. (No. 65) als „Altdorfer" aufgeführt.

Dohme (Gesch. d. dt. Baukst., p. 293, 294) giebt eine Abbildung (auch Grundriss) von Hiebers (oder Huebers) Modell. Die kunsthistorische Bedeutung des Entwurfes ist hier vortrefflich gewürdigt, nur ist nicht einzusehen, warum der Architekt „unzweifelhaft in Mailand gewesen" sein soll. Irgend eine engere Beziehung dieses Entwurfes zu St. Lorenzo in Mailand, die Dohme anzunehmen scheint, vermag ich nicht zu sehen.

77) Sehr bezeichnend sind auch die kleinen, fast kreisrunden Fingernägel.

78) Schon Bartsch (Kunstbl. 1844, p. 151) und Waagen (Kstwke. u. Kstler. i. Dtschld. II, p. 316) wiesen auf den Zusammenhang hin. Scheibler soll Janitscheks Ausführungen angeregt haben, R. Stiassny schliefst sich denselben an.

79) Sehr mannigfach, stark und deutlich ist die Verwandtschaft der Kunst Altdorfers mit der Art der Schweizer Künstler, mit den Arbeiten des Urs Graf, Manuel Deutsch, Hans Leu. Da ich aber auch hier ohne den geringsten Anhaltspunkt in den äufseren Verhältnissen aus der Verwandtschaft auf eine Beziehung nicht zu schliefsen wage, so sei das nur nebenbei erwähnt.

80) J. Meyer wies darauf hin, wie Gilbert auf Grund mündlicher Mitteilung in „Landscape in Art", p. 301 veröffentlicht. St. Florian, an den Meyer aufser an Quirin dachte, kommt nicht in Betracht. Bestätigt wird die Annahme, dass auch die angeblichen Darstellungen aus der Stephanslegende sich auf Quirin beziehen durch zwei andere zusammengehörige, um dieselbe Zeit ebenfalls von einem Regensburger Meister gemalte Tafeln. Die eine — im Besitze Henry Thodes, dat. 1523 — stellt dar, wie der Heilige vor den Richter geführt wird. Die Anordnung ist ganz verwandt der auf Altdorfers Vorführung des angeblichen Stephan in Nürnberg. Das Gegenstück zu dem Bilde Thodes ist in Schleifsheim (No. 107 „Art Altdorfers und des Meisters von Messkirch") von gleicher Breite (35 cm), freilich etwas höher (52 gegen 48,5 cm) und stellt zweifellos das Martyrium Quirins dar. Ich kenne das Bild Thodes nur aus einer freundlichen Mitteilung des Besitzers, der nicht zweifelt, dass sein Bild und das Schleifsheimer zusammengehören. Dem Stil des Schleifsheimer Bildes nach scheint der Maler mehr von Altdorfer als von dem Messkircher Meister abhängig. Quirin, der in der Donau das Martyrium erlitt, scheint in Regensburg selbst oder in der Nähe eine besondere Verehrung genossen zu haben. Dieser Quirin ist nicht zu verwechseln mit dem Heiligen gleichen Namens, der in Tegernsee verehrt wird (vgl. Catalogus Sanctorum Pertri de Natalibus V c. 85). Das Bild in Schleifsheim wollte W. Schmidt (Lützows Kstchron. 1890, p. 385) vermutungsweise dem G. Lemberger zuteilen. Ohne ausreichende Gründe.

81) Der Gegensatz gegen das schwache, dünnsträhnige Haar der Gestalten auf frühen Bildern ist sehr deutlich.

82) Schm. vermisst auch hier die Schärfe und Feinheit.

83) Erwähnt sind diese jedenfalls hochinteressanten Gemälde nur bei A. Czerny, Kunst und Kunstgewerbe im Stifte St. Florian...., Linz 1886, p. 111.

R. Vischer hat das Verdienst durch mündliche Aeufserung vor kurzem die Aufmerksamkeit der Kunsthistoriker auf diese Bilder gelenkt zu haben. R. Stiassny plant eine Besprechung; seiner Freundlichkeit danke ich den Besitz einer Photographie, die er von einem der Bilder aufgenommen hat. Den Hinweis aber verdanke ich A. Bayersdorfer.

84) Dass aber drei Darstellungen übereinander einen Flügel bildeten, ist wohl nicht anzunehmen.

85) Sicher kann ich nicht sagen ob 15 und 16, die sehr hoch hängen, in den Mafsen stimmen zu 13 und 14. Czerny, der 15 und 16 nicht erwähnt, macht darüber keine Angabe.

86) Am Hauptturm des hier dargestellten Palastes (m. Verz. I, 21).

87) Wir können diese Blätter als „zweite Gruppe" den früheren, meist datierten gegenüberstellen.

88) Bartsch nahm in das Werk Altdorfers eine Kopie nach B. Beham auf (Kupferst. B. 57 jenes, nach B. 20 dieses). Das wäre eine willkommene Bestätigung für die oben angedeutete Auffassung. Jedoch die angebliche Kopie Altdorfers nach Beham ist ohne Signatur. Wenn Bartschs Zuteilung keinen Widerspruch gefunden hat, so liegt das wohl wesentlich daran, dafs das aufserordentlich seltene Blatt den meisten Forschern unbekannt ist. — Sicher dagegen hat Lichtwark (D. Ornamentstich d. dt. Frühren., im Vorwort) nachgewiesen, dass Altdorfer sich für eine seiner Radierungen eines Stiches des H. S. Beham als Vorbild bedient hat (s. unten).

Dass andererseits die Beham von den Kupferstichen Altdorfers etwas gelernt hätten, ist nicht nachgewiesen, wenngleich es für Hans Sebald öfters gesagt wird.

89) Dass Altdorfer nach 1530 keine Kupferstiche mehr herausgab, wird noch wahrscheinlicher, wenn wir sehen, dass der alternde und vielbeschäftigte Meister in dieser letzten Zeit sich der schnellen und bequemen Radierung bediente. Es scheint, Altdorfers Thätigkeit für die vervielfältigende Kunst verteilt sich zeitlich so:

1506—1511 Kupferstiche,
1511—1517 wesentlich nur Holzschnitte,
um 1520 Kupferstiche, Holzschnitte, Radierungen,
1521—1526 wesentlich nur Kupferstiche,
nach 1530 Radierungen.

90) Die Uebereinstimmung von Altdorfers Kupferst. B. 42 mit Marcantons B. 187, auf die J. Springer (Chron. f. vervielf. Kst. I, p. 93) hinwies, erscheint sehr gering. Das unsignierte, unserm Meister zugewiesene Blatt B. 41, das nach Marcanton kopiert sein soll, was übrigens J. Springer (a. a. O.) in Frage stellt, ist mit Recht schon von Schmidt, bestimmter von Lehrs (Chron. f. vervielf. Kst. I, p. 94) Altdorfer abgesprochen worden.

91) Aufserdem gehört nicht zur zweiten Gruppe B. 8, sog. grofses Kruzifix, das 1519 etwa anzusetzen ist. Von den in Schmidts Verzeichnis aufgeführten Arbeiten sind mir unbekannt geblieben: B. 60 (ohne Signatur), S. 65b, P. 104 (S. 69). Letzterer Stich scheint in die frühe Zeit zu gehören, so weit die Beschreibung ein Urteil gestattet. B. 10 und B. 23 sind eigentümlich der technischen Behandlung nach, sie ordnen sich weder unter den früheren noch unter den späteren Arbeiten recht ein. Ohne Signatur und nicht sicher von Altdorfers Hand ist P. 100 (dt. 1521).

92) Abb. Woltmann-Woermann, Gesch. d. Malerei II, 415.

93) Von den Blättern, die Schmidt in einem besonderen Verzeichnis (c; p. 552) als zweifelhaft aufführt, sind entschieden nicht von Altdorfer No. 1, 2, 3, 4. Auch No. 5 nicht, vielmehr vom Monogrammisten S. C., wie Abdrücke in Berlin (kgl. Kab.) und in München (kgl. Kab.), die diese Signatur zeigen, darthun. No. 6 (ein Exemplar in Dresden, Samml. Friedrich August II.) ist nach mir freundlichst mitgeteilter Meinung Lehrs' nicht von Altdorfer.

Dagegen gehört unserm Meister No. 7 dieses Verzeichnisses (nackter Krieger), nach der Ansicht desselben Kenners. Dieses Blatt besitzt allein von den hier genannten das Monogramm (sehr selten; ein Exemplar in Dresden, Samml. Friedrich August II.).

No. 9 und 10 dieses Verzeichnisses haben kein Monogramm, sie sind mir unbekannt geblieben.

Von den wenigen, bei Schmidt nicht genannten und nicht signierten Kupferstichen, die sonst noch hie und da in den Sammlungen in das Werk Altdorfers aufgenommen sind, kann auch nicht einer — so weit uns bekannt — Anspruch machen, für eine Arbeit des Meisters gehalten zu werden.

94) Unter den von Geymüller veröffentlichten Entwürfen für St. Peter gelang es mir nicht etwas Entsprechendes zu finden.

95) Vgl. Ficklers Inventar des bayerischen Kunstbesitzes (Handschrift in d. Münch. Staatsbibl. cod. bav. 2133).

96) Die Platten dieser photographischen Aufnahmen sind verloren gegangen, so dass wir auf die Exemplare im Lokal des historischen Vereins beschränkt sind.

97) Heute kann man stilkritisch über die Wandgemälde kaum noch etwas aussagen. Vielleicht sah Waagen aber mehr noch als wir und, wenn er eine stilistische Verwandtschaft mit Werken des Regensburger Meisters wahrnahm, so dachte er dabei wahrscheinlich an das „Hauptwerk" desselben, den Altar von 1517, der sich in Augsburg selbst befindet (m. Verz. II, 3). Jetzt, das dieser Altar nicht mehr als Arbeit unseres Malers gilt, vielmehr als eine Schöpfung Abts erkannt ist, sprechen vielleicht Waagens eigene Beobachtungen für die Zuteilung der Fresken an Abt.

98) Vgl. z. B. schon Fiorillo, Gesch. d. zeichn. Kste. i. Dtschld. II (1817), p. 407. Die hier gegebene Beschreibung geht auf Fr. Schlegel zurück (vgl. dessen Sämtl. Werke VI. Bd., Wien 1823, p. 166).

99) Das eigentümliche Mäcenatentum dieses Vorfahren Ludwigs I. verdient in

der Geschichte der profanen Historienmalerei, der Schlachtenmalerei mit Auszeichnung genannt zu werden. Aufser der Schlacht bei Arbela liefs Wilhelm IV. in ungefähr gleichen Mafsen, zum Schmuck desselben Raumes malen:

von Burgkmair die Schlacht bei Cannä
(jetzt in Augsburg, Museum; bz. und dt. 1529).

von Feselen die Belagerung von Alesia
(jetzt in München, Pinakothek; bz. und dat. 1533).

von Breu d. Ae. die Schlacht bei Zama
(jetzt in München, Pinakothek; bz., nicht dat.).

von B. Beham (nicht bz., aber sehr wahrscheinlich von diesem Künstler) den Opfertod des M. Curtius
(jetzt in München, Pinakothek; dat. 1540).

Aufserdem noch folgende Gemälde in etwa gleichen Mafsen, die sicher zu derselben Folge gehören, aber wenig bekannt sind (ich danke den Hinweis A. Bayersdorfer):

von B. Refinger die That des Horatius Cocles
(jetzt in Stockholm, National Tafvelsamling No. 294, bz.: Refinger, dat. 1537).

von Abraham Schöpfer die That des Mucius Scaevola
(jetzt Stockholm, Nat. Tafvels. No. 295; bz. Abraham Schöpfer Pict. Monacen F, dat. 1538).

von Abraham Schöpfer (? nicht bz.) die That des Manlius Torquatus (jetzt Stockholm, Nat. Tafvels. No. 296; nicht dat.).

Vielleicht gehört zu dieser Folge:

von Matthias Gerung (? nicht bz., „Art des M. G." nach Urteil des Katalogs) Eroberung von Rhodos (jetzt in Schleissheim No. 164; nicht dat.). In Gegenstand und Mafsen den oben genannten Gemälden verwandt, scheint dies Bild etwas jüngeren Ursprungs.

Ferner liefs Wilhelm IV. höchst wahrscheinlich noch folgende Bilder verwandten Gegenstandes, aber in anderem Format ausführen:

von Feselen die Belagerung Roms durch Porsenna (jetzt München, Pinakothek, bz. und dat. 1529).

von Feselen (nicht bz., aber sehr wahrscheinlich von diesem Künstler) die Geschichte der keuschen Susanna (jetzt in Augsburg, Museum, neue Erwerbung; von Janitschek p. 421 als in München befindlich erwähnt; dat. 1537).

von Breu die That der Lucretia
(jetzt in Finspong (Schweden), Samml. Ekmann; bz. und dat. 1528, vgl. O. Granberg, Catalogue raisonné de tableaux anciens ... dans les collections privées de la Suède I (1886), p. 86).

Während die erstgenannten acht (oder neun) Tafeln bedeutend höher als breit sind, haben die drei zuletzt genannten ein Format, das etwa $1^1/_2$ mal so breit als hoch ist. Vielleicht gehört zu dieser zweiten Gruppe ein Schlachtengemälde verwandten Formates, das sich als „battle of spurs" Holbein d. J. mit Fragezeichen zugeteilt, in England, Hamptoncourt palace (Saal 13, No. 339 des Katalogs) befindet und weder bezeichnet noch datiert sein soll. Endlich stammt sicher aus bayerischem Fürstenbesitz und ist wahrscheinlich auch ausgeführt für Wilhelm IV.:

von Hans Schöpfer d. Ae. das Urteil des Paris
(Stockholm, Nat. Tafvels. No. 297; bz. H. S. und dat. 1534).

Dies Bild gehört dem Format nach weder zu der ersten noch zur zweiten oben genannten Gruppe.

Vgl. für die hier aufgezählten Gemälde Ficklers Inventar der bayerischen Kunstkammer (Handschr. i. Münch. Staatsbibl. cod. bav. 2133 vom Jahre 1596, p. 238).

Vgl. für die vier in Stockholm befindlichen Bilder: National Tafvelsamling beskrifvande Förteckning af Georg Göthe, Stockholm 1887, p. 205, 206, 243.

100) Napoleon I. liefs das Bild in seinem Badezimmer zu St. Cloud aufhängen.

101) Einige Vorsicht bei Beurteilung des Kolorits gebieten urkundliche Nachrichten, die von Restaurationen schon im 17. Jahrhundert sprechen (nach Angabe des Katalogs der Pinakothek).

102) Ueber ein in Wien verschollenes Landschaftsbild des Meisters von 1532 s. unten (m. Verz. I. 30).

Ueber ein mir unbekanntes Madonnenbild von 1531, das im Florentiner Kunsthandel aufgetaucht ist, s. m. Verz. I, 29.

Ueber ein verschollenes, angeblich mit der Zahl 1538 (dem Totesjahr) datiertes Gemälde, m. Verz. I, 18.

103) Dass es aus Regensburg stammt, beweist eine alte, übrigens schlechte Kopie, die sich im historischen Verein zu Regensburg befindet.

104) Auch der Formauffassung in der erwähnten Berliner Zeichn. von 1533. Dies Datum ist ein willkommener Anhaltspunkt für die als wahrscheinlich hingestellte Ansetzung des Münchener und des Augsburger Gemäldes.

105) Der Kopf Joachims ist fast halb lebensgrofs.

106) R. Stiassny spricht vor diesem Bild von italienischer Gesamthaltung, die vermutlich durch niederländische Einflüsse vermittelt sei. Von italienischer Gesamthaltung kann man mit halbem Recht sprechen (vgl. oben), niederländische Vermittlung aber erscheint in gleichem Grade unwahrscheinlich an sich wie unnötig.

107) Auf dem erhaltenen Fragment des Grabsteins liest man: „— — Albrecht. Altdorffer. paum(eister) — —", wobei freilich nicht ausgeschlossen ist, dass in dem fehlenden Teil der Inschrift auch an seine Thätigkeit als Maler erinnert wurde. In der Handschrift, die Börner vorkam, jedoch soll angeblich gestanden haben: „— Altdorfer. paumaister (nichts weiter!) obiit . . ."

108) Hieronymus Hopfer hat die Pokale kopiert. — Eine vortreffliche Charakteristik der Formen dieser Gefäfse findet man bei Lichtwark, d. Ornamentstich d. dtschen. Frührenaiss. p. 71, 73, 74, 75 (hier auch einige Abbildungen). Lichtwark (p. 143) bereicherte diese Folge von Ornamentradierungen noch um zwei Blätter, die er im Museum zu Weimar (irrtümlich steht bei Lichtwark: „Gotha") fand. Diese beiden Radierungen (14,6 × 10,5 und 14,8 × 10,7) stellen reiche Kapitäle dar, haben nicht die Signatur, sollen aber so genau übereinstimmen mit den bezeichneten

Pokalen, dass Altdorfers Autorschaft sicher erscheint. Ich kenne diese Radierungen nicht. Geheimrat Ruland, dessen Freundlichkeit ich die Mafsangaben verdanke, ist in betreff der Zuteilung Lichtwarks Meinung.

109) Für B. 71 s. oben im Abschnitt I, p. 9.

110) In dem Inventar der Hinterlassenschaft Altdorfers kommen silberne Becher vor. Dass aber der Meister die geätzten Pokale nach wirklich vorhandenen arbeitete, wie Schm. (p. 544) geneigt ist anzunehmen, erscheint nach dem Eindruck der Radierungen nicht glaubhaft.

111) Aufser der oben erwähnten Benutzung eines Stiches Behams hat Altdorfer sich hie und da für seine Gefäfse wohl noch fremder Ornamentzeichnungen bedient. Für die auffallenden, dem Meister sonst fremden groteskenartigen Formen in der Radier. B. 78 mag eine Arbeit wie die merkwürdige Hochfüllung des Monogrammisten G. J. von 1522 (Kupferstich B. 1, abg. bei Lichtwark a. a. O., p. 215), Vorbild gewesen sein. — Die Pokale sind vollständig selten in den Sammlungen zu finden; sehr gut sind sie im Berliner kgl. Kab. vertreten.

112) Seit dem 17. Jahrhundert stehen Radierung und Kupferstich beinahe im umgekehrten Verhältnis zu einander.

113) Im Verhältnis zu den Mafsen der Stiche sind die Mafse der Radierungen sehr grofs bei Altdorfer.

114) Diese Blätter sind äufserst selten geworden, verhältnismäfsig am besten vertreten sind sie — so weit mir bekannt ist — in der Wiener Bibliothek. Aufser den beiden Synagogenblättern von 1519 und den Gefäfsen, den Landschaften, den beiden Kapitälen hat Altdorfer nach dem Verzeichnis von Schm. noch ein Blatt radiert, einen stehenden Krieger (Schm. 57, Ottley 1). Dies Blatt soll signiert sein, ist wohl sehr selten und mir nicht bekannt geworden. Ferner zeigt das von Schm. als Kupferst. aufgeführte Blatt, Schm. 11 (B. 17), eine Technik, die etwa im Eindruck die Mitte hält zwischen Kupferstich und Radierung. Vielleicht ist auch hier Aetzung angewendet (Madonna mit Kind).

115) Dass Mechel Altdorfers Signatur wohl kannte und dass er ein scharfer Beobachter war, beweisen seine Angaben über das andere Wiener Bild unseres Meisters, m. Verz. I, 19. Hier erwähnt er das in der That vorhandene, sehr kleine, echte Monogr., das dem Verfasser des neuen Katalogs entgangen ist.

116) In der Radierung wird der Faden noch eine Zeitlang fortgesponnen (A. Hirschvogel, H. S. Lautensack).

117) Sowohl das Testament als ein Inventar des Nachlasses sind im Original erhalten (Archiv des histor. Vereins zu Regensburg). Interessante Angaben aus beiden Schriftstücken macht Neumann (p. 538, 539).

118) Die Angabe: „Schm. a —" bezieht sich auf das Verzeichnis der „Altd. mit Grund zugeschriebenen Gemälde" W. Schmidts (p. 545), „Schm. b —" auf desselben Autors Verzeichnis der von ihm angezweifelten Bilder (p. 546).

Die Nummern hinter den Aufbewahrungsorten der Gemälde sind den neuesten Katalogen der betr. Sammlungen entnommen.

119) In der Reihenfolge von Schm. s. Verz. a.

120) A. Bayersdorfer schliefst sich der Meinung A. Schmids an.

121) Dieser Regensburger Sammler nannte alle seine Bilder, wenn es irgend anging, „Altdorfer" (s. unten).

122) Die Hypothese ist von Janitschek angenommen (p. 421).

123) Die hier aufgezählten Gemälde heifsen in den betr. Sammlungen „Altdorfer", falls nichts anderes angegeben ist.

124) Diese 8 Tafeln und die oben (Verz. I, 18) genannte Darstellung des Abschieds Christi sind die Gemälde „Altdorfers" im Besitz Steiglehners, von denen bei Schm. p. 542 die Rede ist. Freilich scheint auch die „Beweinung" (16 oben) sich bei Steiglehner befunden zu haben.

125) Vgl. das bekannte Selbstportrait H. S. Behams in der Albertina (Abb. bei Woltmann-Woermann, Gesch. d. Mal., p. 408).
Ferner: Berlin, kgl. Kab. Zeichn. No. 2022 (bez. und dt. 1549), männl. Kopf im Profil.
Dresden, kgl. Kab., nicht bezeichnete, aber echte Zeichn. des Meisters, männl. Kopf im Profil. Photogr. Braun 1.

126) Dieses Verzeichnis macht durchaus keinen Anspruch auf Vollständigkeit. — Die Anordnung folgt den Sammlungen und reiht den für echt gehaltenen Blättern diejenigen an, die an den betr. Orten ohne ausreichenden Grund dem Meister zugeteilt sind. Wenn nichts anderes angegeben wird, sind die genannten Blätter als „Altdorfer" in den Sammlungen zu finden.

127) H D T. = Helldunkeltechnik. Die Farbe der Grundierung des Papieres ist hinzugefügt.

128) Aufserdem besitzt das Berliner kgl. Kab. (No. 98 „Kopie nach Altdorfer") eine vergröfserte Nachzeichnung nach dem Kupferstich B. 8, der sog. grofsen Kreuzigung. — Rosenberg (p. 39) erwähnt noch eine Kreuzigung von 1511 und einen Einzug in Jerusalem von 1510. Letztere Angabe ist wohl irrtümlich, wenigstens ist ein entsprechendes Blatt nicht zu finden. Die „Kreuzigung von 1511" aber ist wohl identisch mit der Zeichn. No. 99, die in der Weise des Regensburger Meisters ausgeführt, jedoch bezeichnet ist: J. S. (vgl. m. Verz. III nach 33, bei „Prag").

129) Im Münchener kgl. Kab. befindet sich eine Zeichn. (No. 1113) des holländischen Malers Jakob Savery, die neben der Signatur dieses Meisters ein unbeholfen gezogenes Monogr. Altdorfers zeigt. Eine Notiz auf der Rückseite sagt: „Kopie Saverys nach Altd." Nach dem Eindruck der Arbeit ist das in der That möglich. Ein entsprechendes Original des Regensburger Meisters freilich ist mir nicht bekannt. Das Blatt stellt eine etwas phantastische Landschaft dar, ist auf farblosem Grund mit Feder und violetter Farbe gezeichnet (16,5 × 24,5).

Ferner besitzt dasselbe Kab. eine Zeichn. Altd.s auf einer Holzplatte, die Vorzeichnung für den Schnitt, der nur teilweise ausgeführt ist (aufgezählt unter den Schnitten in Abschn. II m. Textes, p. 34).

Druck von Ramm & Seemann in Leipzig.

Tafel 1. Allegorische Darstellung.
Handzeichnung Altdorfers im Königl. Kupferstichkabinett in Berlin.

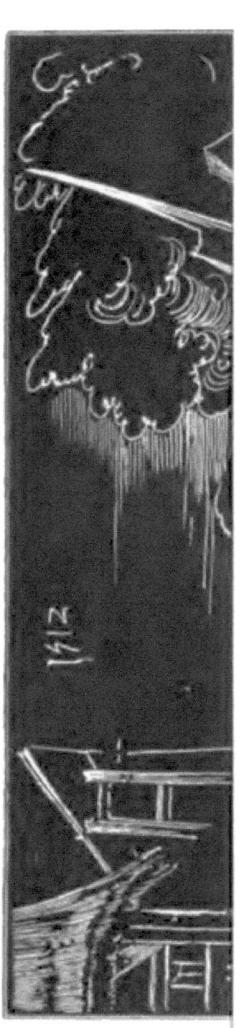

Tafel 2. Anbetung der hl. drei Könige.
Handzeichnung Altdorfers im Königl. Kupferstichkabinett in Berlin.

Tafel 3. Madonna mit Kind.
Handzeichnung Altdorfers im Königl. Kupferstichkabinett in Berlin.